KB112461

미래의 부자인 ＿＿＿＿＿＿＿＿＿＿＿＿ 님을 위해

이 책을 드립니다.

저는 주식 좀 하는 아주머니 인데요

저는 주식 좀 하는 아주머니 인데요

초판 1쇄 인쇄 | 2023년 11월 3일
초판 1쇄 발행 | 2023년 11월 10일

지은이 | 주머니
펴낸이 | 박영욱
펴낸곳 | 북오션

주 소 | 서울시 마포구 월드컵로 14길 62 북오션빌딩
이메일 | bookocean@naver.com
네이버포스트 | post.naver.com/bookocean
페이스북 | facebook.com/bookocean.book
인스타그램 | instagram.com/bookocean777
유튜브 | 쏠쏠TV·쏠쏠라이프TV
전 화 | 편집문의: 02-325-9172   영업문의: 02-322-6709
팩 스 | 02-3143-3964

출판신고번호 | 제 2007-000197호

ISBN 978-89-6799-789-2 (03320)

*이 책은 (주)북오션이 저작권자와의 계약에 따라 발행한 것이므로 내용의 일부 또는 전부를
 이용하려면 반드시 북오션의 서면 동의를 받아야 합니다.
*책값은 뒤표지에 있습니다.
*잘못 만들어진 책은 구입하신 서점에서 교환해 드립니다.

주린이 아주머니를 위한 주식 입문서

주머니
지음

저는 주식 좀 하는
아주머니
인데요

북오션

시작하며

객장에 아기를 업은 아주머니가 주식을 사러 오면 그때
가 주식을 던지고 그만할 때라는 말이 있습니다. 아주머니
들까지 주식을 하려는 활황기라면 곧 하락장이 된다는 말
이지만 이 말이 참 아프고 서럽기까지 했습니다. 아기 업은
아주머니들은 아무것도 모르면서 그저 남들이 번
다기에 주식장에 첫발을 들여놓고 곧 다가
올 하락장에서 경제적 손해와 정신적 상처
까지 입게 됩니다. 아무도 그들에게 공부
를 어떻게 해야 하는지, 마음

4

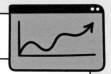

을 어떻게 다잡아야 하는지 알려주지 않았습니다. 책을 읽어야 하며 종이신문이 왜 중요한지 알려주는 사람이 없었습니다. 그 객장에서 아기 업은 아주머니에게 주식을 팔기 전에 누구라도 나서서 공부부터 하고 주식을 사라고 했다면 그들의 손해와 상처는 좀 작아지지 않았을까요? 손해가 나도 복기하고 만회하며 상처는 받지 않았을지 모릅니다.

알려주는 사람도 물어볼 사람도 없어서 혼자서 시작한 주식 공부였습니다. 아직도 갈 길이 멀고 지금도 성공했다고 할 수는 없지만 이제는 마음의 상처는 받지 않습니다. 손해가 났더라도 복기할 수 있고, 무엇이 문제였는지 돌아보게 됩니다. 2020년 코로나로 주식장이 하락할 때 주식서를 읽으며 공부를 시작했습니다. 무섭게 떨어지는 지수를 보며 차마 뭘 사야 할지 모르겠기에 공부부터 시작했지만, 그래서 2020년 8월에 많이 오른 지수에 주식들을 샀지만, 코로나라는 좋은 기회를 놓쳤다고들 하지만 상관없었습니다.

저는 주식 책을 100권 넘게 읽으며 시장은 계속 오르지도 내리지도 않는다는 걸 알았습니다. 일희일비하지 않는 것이 좋은 투자자가 되는 길임을 알았습니다. 공부하는 사람이 이긴다는 책 속의 선생님들 말씀을 이해했습니다.

내가 잘나서, 내가 투자를 잘해서가 아니라 시장이 좋아 수익이 난 것을 압니다.

1년에 10%의 수익이라면 어느 금융사에서도 제시하지 않는 파격적인 수익률이라 만족합니다.

과연 모자란 내가 책을 쓰는 게 맞을까, 1년 10%의 수익이 목표인데 글을 써도 될까 고민했지만, 아기 업고 업장을 찾았던 그 엄마들에게 무작정 주식을 팔기만 했던 사람들 보다는 제가 낫지 않을까 싶었습니다. '나처럼만 하면 성공한다'는 부자들의 말보다, 아직 모르겠지만 나는 이렇게 하고 있으니 당신도 내 방법이 마음에 든다면 해보라고 권해보고 싶었습니다. 같이 고민해보며 함께 나누고 싶었습니다. 금융권에 있지도 않았고, 주식전문가도 아니고, 명문대도 나오지 않은 평범한 아주머니가 어려운 주식 책을 읽으며 공부하는 과정을 보여주고 싶었습니다. 아직도 가야 할 길은 멀고, 배워야 할 것들은 산처럼 높습니다. 그래도 넘어지고 실패하며 다시 일어섰

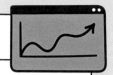

습니다. 겁나서 발도 못 들여놓았다면 저를 보며 시작했으면 좋겠습니다.

그 객장에서 엄마 등에 업혀 있던 아이들은 이제 어린이집이나 학교에 갔을 테니 무능하다고 우울해하지 말고 주식 공부를 시작했으면 합니다. 아무것도 모르는 전문가라는 사람들의 말에 혹하지 말고 여러분이 스스로 공부해서 종목을 찾고, 실패해도 손해는 날지언정 상처는 입지 않았으면 좋겠습니다. 주식으로 부자가 되기를 바라지 말고 안정적인 주식으로 적금보다 나은 수익률을 얻길 바랍니다. 한 사람이라도 이 책 덕분에 주식이 무섭지 않다고 했으면 합니다. 여러분이 그 한 사람이라면 이 책은 할 일을 다 한 책이 될 것입니다.

목 차

chapter 01

<주식 태동기>
멋모르고 주식 투자

chapter 02 <주식 신생아기> 당연했던 투자 손해

chapter 03 <주식 영아기> 주식 공부는 걸음마부터

chapter 04

<주식 유아기> 백종원 레시피만큼 쉬운 투자 레시피

chapter 05

<주식 어린이기> 그래프 못 봐도 주식 투자 잘하는 법

chapter 06   <주식 청소년기> 차트 몰라도 주식 투자 성공하는 법

chapter 07   <주식 성인기> 엄마라서 더 잘하는 주식 투자

Chapter 01

\<주식 태동기\>
멋모르고 주식 투자

나는 타고난 주식 신

뉴스만 보면 코스피 최고치에 주식장은 사상 최대 활황이라고 했다. 탄핵 이후 대한민국의 주식시장은 말 그대로 콧노래만 나는 중이었다. 그 콧노래를 나만 못 부를 수는 없었다. 다시없을 기회라고, 지금 주식하지 않는 너만 바보라고, 눈치를 주는데 가만히 있을 수 없었다. 아이 업고 객장에 가지는 않았지만 유치원 보내놓고 인터넷 객장으로 가서 뭐라도 주워 담았다. 일주일 만에 적금으로 몇 년을 넣어도 못 받아 볼 수익을 맛본 후, 주식방송을 찾아보기 시작하고 뉴스를 열심히 보며 주식상승의 기쁨은 나만 느끼는구나 싶었다. 사는 것마다 몇십 프로씩 수익이 났고, 들도 보도 못한 치료 약을 만든다는 회사를 샀더니 상한가를 갔다. 그게 뭔지도 몰라 증권사 상담사에게 전화했다. 왜 주가가 저렇게 움직이지 않고 멈춰 있냐고 물어보았다. 친절하고 상냥한 상담원은 상한가라서 그렇다고, 축하한다고 하는데, 30% 프로가 하루 만에 가능하냐는 바보 같은 질문을 하며 상담원을 피식거리게 하고 전화를 끊었다.

나는 그때 알았다.

나는 주식 신이었다.

내가 사는 종목은 다 오르고….

나는 주식 보는 눈이 탁월했다. 타고난 투자자였다.

2018년 1월에 시작한 주식은 그랬다. 이 좋은 걸 왜 그동안 모르고 살았을까?

그전까지는 매달 적금을 넣고 만기가 되면 정기예금을 넣었다. 만기가 돌아와 적금을 찾으러 은행에 가면 늘 펀드나 ELS를 권했다. 젊은 사람이 이렇게 보수적으로 투자하면 안 된다고 안쓰러워하는 은행원도 있었지만, 나는 적금이 좋았다. 부모님도 그랬지만 학교에서도 저축만이 살길이고, 은행만이 믿을 곳이며, 기댈 곳이라고 했다. 79년생인 내가 어릴 때는 주식이라는 말보다는 증권이라는 말을 더 많이 썼는데 증권이라는 말은 '집안 말아먹는다'와 동의어 같았다. 형제가 많았던 우리 부모님 세대에서는 그 많던 삼촌 중한 명은 증권으로 빚을 지고 형제 돈까지 갖다 써서 집안이 풍비박산 나고, 명절이면 네 돈 내 돈, 내 돈 네 돈 하며 싸우는 게 흔한 일이었다. 멀리 갈 것도 없었다. 결혼하고 다행이었던 건 시어머니였다. 간섭이라곤 안 하시고 전화도 잘 안 하시는, 며느리들이 제일 바라는 시어머니였지만 증권에 대해 이야기하며 눈빛이 바뀌셨다.

"다른 건 다 해도 되지만 증권은 하지 마라. 집안 망한다."

그 살기 어린 눈빛을 보며 저렇게 좋은 분이 하지 말라는데 진짜 하지 말아야지, 생각했다. 시어머니가 아니라도 아이가 바로 생기면서 육아와 살림하며 일하느라 바빠서 주식은 남의 세상일이었다. 뭐 눈에는 뭐만 보인다더니 연로한 연예인이 TV에 나와서 제일 잘한 일이 아내 말 듣고 평생 주식하지 않은 거란다. 듣고 있던 사람들이 손뼉을 치며 "와…" 하는 걸 보니 주식은 정말 나쁘고 못된 그 무엇이 확실하다.

그렇게 몇 년 월급을 꼬박꼬박 은행에 갖다 바쳤지만 금리는 성실하게 떨어지며 저축의 의지를 꺾고 있었다. '이게 진짜 맞는 걸까? 펀드라도 해야 할까?' 고민하고 있을 때 은행 직원의 솜사탕 같은 말에 적금 대신 펀드를 3개 가입했다. 10만 원씩 3개의 펀드는 차이나가 어쩌고, 베트남이 뭐라고 했다. 다 이해하고 알아들은 듯 고개를 끄덕였지만 진짜 몰랐다.

"아시죠? 이해하시죠?"

은행 직원 앞에서 그게 뭐냐고 물을 용기는 없었다. 집으로 돌아와서 그 펀드에 대해 공부하기 시작했다. 카페에 가입하고 펀드를 공부했지만 이건 나랑 안 맞는 거 같았다. 펀드는 만기도 없고, 올랐다가 내렸다가 등락을 반복하는데, 오르면 좀 즐거웠다가 떨어지면 기분까지 나빠졌다. 이건 아니다 싶어 환매하고 정기예금을 찾아보았다. 3%도 안 되는 이자를 준다는데 이것도 아닌 거 같다. 은행예금에 점점 흥미를 잃어가고 있었다.

그때 들려온 옆집 아주머니의 이야기는 귀가 솔깃해지기에 충분했다.

남편이 산 주식이 2배가 되어 그 돈으로 가방을 사줬고, 이사할 때는 주식으로 번 돈이라고 몇천만 원을 내놓았다는 것이다. 주식한다고 하면 말리기부터 했던 그녀도 돈 앞에서는 약자였다. 남편의 주식을 응원하며 오늘은 얼마나 올랐나고 체그한다며, 가방을 둘러메고 가는 뒷모습이 부러웠다. 부러워지니 진 기분이었다. 내 남편은 주식에 하나도 관심이 없다. 엄마가 절대 하지 말라고 했으니 착한 아들이 그걸 할 리 없었다. 그렇다면 나는 가방도, 이사할 때 필요한 몇천만 원도 받지 못한다는 소리였다. 그럴 수는 없었다.

남편이 못한다면 나라도 해보자는 마음으로 벌벌 떨리는 손가락을 달래 가며 계좌를 만들고, 매수와 매도도 헷갈리며, 어디선가 들어 본 종목을 샀다. 사자마자 −1%라니, 이건 그만해야 할까? 분 단위로 주식값을 보며 그날 하루를 다 보냈지만 종가는 +2%. 역시 주식은 하는 게 맞았다. 20만 원으로 시작한 첫날 2%라는 수익을 보니 매일 이렇게만 된다면 곧 집도 사겠고, 부자도 될 듯했다. 계좌에 돈을 조금씩 더 입금했다. 이것저것 몇 종목을 겁 없이 사기 시작했다. '어, 이거 왜 이러지?' 계속 오르기만 했다. 내가 산 종목들은 꾸준하게 오르기만 했다. 금손, 금손 하더니 내가 바로 그 금손이었단 걸 왜 모르고 살았을까? 역시 하늘은 내 편인 것처럼 느껴졌다.

주식 안 하는 사람이 바보지

남편에게 매일 수익률을 자랑하기 시작했다. 차는 뭐로 바꾸고 싶은지 물어보며 잘난 척했다. 10%, 20%까지 올라도 이제는 크게 기쁘지도 않았다. 한 달도 안 되어서 계좌 수익률이 45%였다. 다음날도 그다음 날도 주식은 계속해서 오르기만 했고, 방송에서는 그동안의 김치디스카운트를 만회할 수 있을 거라고 했다. 남북 화해 무드와 경협이라는 테마가 생기면 우리나라 주식 장은 미국 못지않게 좋아질 거라고 했다. 이러고 있을 때가 아니었다. 펀드 환매한 돈도, 정기예금에 넣은 돈도, 더 늦기 전에 주식을 사야 했다.

이 좋은 걸 나 혼자 하고 있다니 미안한 생각나서 들었다. 언니에게 말해봤지만 주식 쪽은 발걸음도 안 디딜 태세다. 가장 가까운 남편도 주식은 관심 없다 하고 잘해보라고 한다. 친구들에게도 추천해보지만 다들 관심이 없다. '주식 안 하는 당신들 덕분에 나만 돈 벌어요. 고마워요. 계속 그렇게 모르고 사세요' 하며 새어 나오는 웃음을 참았다. 주식으로 부자가 된 후 뭘 할지 계속 상상하며 이런 돈을 불로소득이라고 하는구나 싶었다. 투자하는 시간에 비해서 너무 큰돈을 번다고 생각하니 미안한 마음마저 들었다.

나 원래 책 좀 읽는 여자다. 그렇다면 지금의 수익률에 만족하지 말고 주식 책을 보고 실력을 쌓은 후 주식의 고수가 되어 보기로 했다. 도서관으로 가서 열어 보기도 싫게 생긴 주식 책들을 살폈다. 유명한 고전부터 봐야겠다는 마음에 워렌 버핏의 책을 찾았으나 책이 없다고 했다. 대신 그가 보낸 주주 서한 모음이나 다른 사람이 쓴 투자전략서를 찾을 수 있었다. 두껍고, 어렵고, 있어 보이는 책들만 잔뜩 골라서 집으로 왔다.

계좌를 열어보니 오늘도 빨간색이었다. 이러다간 정말 부자가 될 판이었다. 이 돈으로 뭘 해야 하나 상상부터 해 본다. 우선은 외제 차로 차를 바꾸고, 평수를 넓혀 이사를 가야겠나. 내가 산 주식으로 수익을 내서 가방을 둘러메고 안녕을 외치며 옆집 그녀에게 자랑을 해야겠다. 그래도 남으면 좋은 일에도 좀 쓰고, 엄마도 좀 주고, 언니한테도 좋은 거 사주고, 친구들도 챙겨 주리라. 상상은 꼬리에 꼬리를 물고 주식 고수가 되어 방송도 출연하고 내가 고른 종목들이 왜 좋은지를 설명하며 강의하는 내 모습까지 그려진다.

그럴 때를 대비해서 주식 책을 좀 읽어 보자 싶어 빌려온 책을 펼쳤다. 음, 한 장 넘기기가 왜 이렇게도 힘들지? 외국어로 된 책이 아닌데 무슨 말인지 모르겠다. 내용이 전혀 이해가 안 됐다. 아니, 눈에 안 들어왔다. 책 읽기를 포기하기 위해 나는 나를 믿기로 했다. '나한테 이게 필요할까? 이런 거 한 권 안 읽고도 지금 너무 수익률 좋잖아. 사는 종목마다 오르는데 다른 사람의 충고가 필요할까? 나는 타고난 주식 신이니 책보단 나의 감을 믿어 보자.' 믿지 말아야 할, 제일 조심해야 할 자신을 믿으며, 그렇게 어려운 주식 책을 덮어버렸다.

열어보기도 싫게 생겼던 그 주식 책들을 다 읽었더라면 2018년 연말의 처참했던 내 계좌 수익률은 달라졌을까? 정답은 '아니오'였다. 설령 그 책들을 다 읽었다고 해도 나는 그대로 투자하지 않았을 것이다. 책에 나오는 대로 분산투자를 하고, 좋은 주식을 골라 장기투자를 하며, 배당금을 받을 1년을 기다리지 못했을 테니 책보다 내 직감이 낫다고 생각하며 대가들의 충고에 콧방귀로 답했으리라. 시장은 언제나 초심자에게 관대하다는 것을 지금에서야 알았다.

주식으로 패가망신하면 형제간에 돈을 빌려 집안이 풍비박산이 났다고 했다. 빚내서 산 주식이 50% 이상 떨어져서 아이들에게 주기 위해 장기투자를 한다고 했다. 아이들 대학 보낼 때쯤에는 오를 거라고 한다. 어디선가 한번쯤 들어본 말 아닌가? 주식하면 왜 이렇게 끝이 나쁠까? 돈을 번 사람도 있지만 잃은 사람이 더 많은 것 같다. 주식으로 돈을 벌었지만 다시 투자해 망했다는 소문도 들어 보았다.

대부분의 사람들은 나는 그들과 다르다고 생각한다. 나는 특별하다고 믿는다. 우리는 다 자신이 특별하다고 생각한다.

내가 사는 주식은 오를 거라는 생각.

내가 사는 주식은 떨어져도 원금까지 오를 거라는 생각.

내가 사는 주식은 결국은 언젠가 오를 거라는 생각.

이런 낙관적인 생각들은 어디에서 나온 자신감일까?

초보 주제에 주식으로 돈 못 버는 사람은 바보라고 생각했다. 겁도 없이 아무거나 사놓고 장이 좋아 오른 줄 모르고 내가 잘해서 오른 줄 알았으니, 그만큼 오른 것도 신기했다. 지금 생각해보면 그정도 손해로 끝난 게 감사했다. 주식으로 버는 돈은 불로소득이라고 생각했으니 결과는 뻔했다. 공부하고 노력한 만큼 결과가 나오는 게 주식 투자라는 걸 그때는 진짜 몰랐다. 초보 운전자였던 때, 깜빡이 넣는 것도 무서워서 차선 변경도 잘 못하던 때는 모든 게 다 무서웠다. 그중에서도 무서운 것은 이 차를 내 손으로 운전해 사고를 낼 수 있고, 그 사고로 사람이 다치거나 죽을 수도 있다는 것이었다. 운전 이거 재밌는데, 하다가도 보행자만 보면 급브레이크를 밟았던 이유는 어쨌든 사람은 다치게 하지 말아야 한다는 생각에서였다.

주식 투자도 그렇지 않을까? 당신이 초보라면 어쨌든 손실이 나지 않아야 한다. 주식 투자로 수익 내기 재밌는데 더 신나게 밟아볼까 하다가는 손실이라는 큰 사고로 당신이 다칠지도 모른다. 당신뿐만 아니라 가족들이 경제적 타격을 입고 다칠지도 모른다. 초보라면 뒤차의 경적도 신경 쓰지 말고 거북이처럼 안전하게 천천히 시작하면 된다. 옆 차의 속도가 나보다 빠르다고 조바심 내지 말자. 다들 옆 차선으로 가는 것 같아서 억지로 끼어들어 차선 옮기기 하지 말자. 내비게이션 켜고 출발했으면 끝까지 내비게이션의 도움을 받자. 손실이라는 사고가 나지 않도록 조심 또 조심하자.

　주식 안 하는 사람이 바보가 아니라 공부 안 하고 주식한 내가 바보였다.

03

주식으로 돈 많이 벌었어,
내가 계산할게

어제는 15%까지 오르더니 오늘은 4%나 빠졌다. 이렇게 더 빠지면 안 된다. 어제 팔았다면 좋았겠지만 지금이라도 늦지 않았다고 생각하고 매도 버튼을 눌렀다. 수익률은 73%였다. 두 달도 안 되었는데 이 정도면 정말 기록적인 수익이 아닌가? 자랑하고 싶어 입이 근질거렸다. 엉덩이가 들썩거리고 길에 나가서 소리치고 싶었다.

'나 주식으로 돈 벌었어요. 내가 산 주식이 73%나 올랐어요. 나 진짜 대단한 것 같아요. 나는 주식 신이에요.'

주식을 매도한 돈은 바로 출금되지 않고 계좌로 입금만 된다. 계좌 안에서 그 돈으로 다른 주식을 살 수는 있지만 돈은 2일이 지나야 출금이 가능해진다. 누가 봐도 어차피 들어올 돈이다. 먼저 쓴다고 뭐라고 할 사람도 없다. 남편에게 용돈을 주고 친구들을 만나러 나갔다. 주식한다고 했더니 친구들이 물어본다. 그래서 얼마 벌었냐고. 73%라고 하니 눈빛이 달라진다. 부러운 것 같기도 하고 질투하는 것 같기도 하지만 상관없었다. 내가 얼마나 감이 좋은지, 내가 찾은 종목은 얼마나 잘 올라가는지 한참 자랑하기 시작했다. 조용히 듣고 있던 한 친구가 배당주를 샀냐고 물었다. 그게 뭐냐고 물어보고 싶었지만, 이미 주식의 고수처럼 떠들어버린 후라 물어볼 수도 없었다.

"난 배당주엔 별로 관심이 없어서…." 대충 말을 흐렸다. 부럽다고, 좋겠다고 하는 친구들 사이에서 그 친구가 자꾸 신경이 쓰인다. 배당주가 대충 뭔지는 알았다. 1년에 한 번 배당금 쥐꼬리만큼 주고 등락은 지지부진해서 주가 상승으론 재미없는 그런 주식을 말하는 거 같다. 그런 걸 뭐하러 물어보는지 모르겠다. 분위기가 나한테 쏠리니까 부러워서 저러는 것 같다. 배당주 한 마디에 기분이 나빠진다. 내가 산 그 좋은 바이오주들, 반도체 장비주들, 제약주들이 뭐가 어때서 배당주는 샀냐고 말할까? 배당주가 그 주식들보다 좋은 게 뭐라고. 이 종목들은 곧 나에게 10배, 20배의 수익률을 안겨줄 숨은 보석인데 말이다. 한마디 해 버릴까 고민하고 있는데 들고 다니던 태블릿 PC 알림음이 울렸다. 내가 보유한 종목이 상한가란다. 잇몸만개하며 화면을 사랑스럽게 쳐다보고 있자니 친구들이 물었다. 뭐 또 좋은 일 있냐고.

"별거 아니야. 또 갔네. 상한가야."

오늘 밥값은 나보고 내라고 한다. 73%의 수익률에 상한가까지 갔는데 나 말고 누가 그 밥값을 낸단 말인가. 쌀국수를 기분 좋게 먹고 나오는데 배당주의 안부를 묻던 친구가 와서 차분하게 말한다.

"우리 부부는 배당주 투자하거든. 1년에 들어오는 배당금으로 재투자하고 또 보태서 투자하고 그래. 조금 많이 들어오는 해에는 그 돈으로 여행도 다녔어. 지금은 장이 좋아서 뭐라도 오른다더라. 만약을 대비해서 수익금으로 배당주 사 놓으면 안정적이고 좋을 거야."

이런 좀생이 부부. 너희들은 배당금 쥐꼬리만큼 받아서 만족할지 모르지만 나는 아니다. 어디 나 같은 큰 그릇의 주식 고수에게 고작 배당금 받는 주식을 권하냐고 호통이라도 치고 싶었지만, 웃으며 고맙다고 가식적인 인사를 하고 돌아섰다.

친구는 분명 내 수익률에 질투가 난 것이다.

'주식을 오래 했다고는 하지만 이런 수익률은 얻어 보지 못했겠지. 배당주니 재투자니 하며 나를 가르치려고 드는 것이겠지. 신경 쓰지 말아야지, 마음에 담아두지 말아야지.'

돌아오는 길에 주식 창을 열어 수익률을 확인했다. 남아 있는 종목들은 어제보다 좀 더 떨어진 것도 있지만 이 정도 수익률도 아직 훌륭하다. 심지어 상한가까지 간 종목도 있지 않은가. 떨어진 종목이야 내일이면 오를 텐데 무슨 걱정을 하냐며, 창을 닫고 인터넷 쇼핑몰을 방문했다. 이제 내 옷도 좀 사고 신발이랑 이것저것 수익에 걸맞게 사야 할 거 아닌가? 보이는 대로 장바구니에 담다 큰 깨달음을 얻었다. 내가 부자가 못 되는 이유를 알았다. 지금은 옷 살 때가 아니었다. 주식을 사야지, 주식을. 매수 기회를 놓칠 뻔했다. 73%의 수익금은 출금은 못해도 주식은 살 수 있다. 오늘 장이 끝나기 전에 주식부터 사야 했다. 혹시라도 놓칠까 봐, 홈쇼핑의 딱 오늘만 주는 찬스를 잡겠다는 마음으로 매수 버튼을 눌렀다.

'아, 매수했구나. 나는 이제 부자가 되는 거겠지'라는 환상에 빠졌다. 차라리 옷이라도 샀더라면, 수익금을 다 써버렸다면 좋았을 걸, 하는 후회를 불과 몇 달 만에 하게 될 줄은 그때는 정말 몰랐다.

배당주를 사라던 그 친구를 다시 만난다면 어떤 배당주에 투자하고 있는지, 재투자를 어떻게 하는지, 포트폴리오는 어떻게 만들었는지 물어보고 싶다. 다른 지역으로 이사를 간 후에는 연락도 잘 하지 않기에 더욱 아쉽다. 그 친구만큼 좋은 충고를 해준 사람을 주식하면서 만나보지 못했다. 내 수익률을 질투한 것이 아니라 내 어리석음이 안타까웠을 친구의 충고를 귀담아듣지 않았던 것을 사과하고 싶다. 제대로 투자하고 있었던 친구의 투자 마인드를 이제라도 배우고 싶은데, 역시 버스는 지나가고 손 흔들어봐야 기다려 주지 않는다.

 배당 용어

배당 : 주식을 가지고 있는 사람에게 회사가 이익의 일부를 나눠주는 것. 모든 기업이 배당을 주는 것은 아니다. 이익을 사업에 재투자하거나 주주에게 나눠주는 것은 기업의 선택이다. 회사의 재무 상황과 현금 흐름 등을 고려하여 결정하기에 안정적인 사업을 영위하고 있는 우량한 기업일수록 주주에게 높은 배당을 제공한다.

배당기준일 : 배당금을 지급할 대상을 회사가 결정하는 기준일. 주식은 매수 후 2일이 지나야 주주로 등재된다. 그러므로

배당기준일 2일 전에는 주식을 보유해야 배당금을 받을 수 있다.

배당락일 : 배당기준일이 지난 다음 날. 배당금을 받기 위해 주식을 산 사람들은 이날 주식을 매도한다. 따라서 배당락일에는 배당률 수준으로 주가가 하락하기도 한다.

배당지급일 : 실제 배당금이 지급되는 날. 국내 주식의 경우 보통 4월 전후로 지급된다.

배당소득세 : 배당지급금에서 15.4% 원천징수. 1년간 이자와 배당 등의 금융소득이 합산 2천만 원 미만인 경우 15.4%만 분리과세라 세금 신고는 하지 않는다. 2천만 원 이상의 금융소득은 종합과세 대상이 되므로 5월에 종합소득세 신고를 해야 한다.

04

적금 만기 재예치하시겠어요?
아니요, 주식할래요

적금 풍차 돌리기까지는 아니더라도 꽤 많은 적금통장을 가지고 있었다. 100만 원의 돈을 적금으로 넣는다 치면 50만 원, 20만 원, 10만 원, 10만 원, 10만 원으로 쪼개서 5개의 적금을 들고 있었는데, 만기를 채우고 찾을 때 그 짜릿함을 여러 번 느끼는 게 좋았다. 목돈이 되면 정기예금에 넣었고, 그게 만기가 되면 적금 만기금과 보태서 다시 정기예금에 넣었다. 큰돈은 아니라도 해지 한번 없이 꾸준히 적금을 넣는 나같은 사람이 바로 은행의 VIP라고 혼자 착각하며 통장 개수를 세어보며 좋아했다.

주식 고수가 되기 위한 준비를 하고 있던 어느 날, 은행에서 전화가 왔다. 적금 만기가 되었단다. 정기예금은 만기가 되면 늘 재예치를 했으니 이번에도 그렇게 신청을 해 두고 왔던 모양이다. 창구 직원은 목돈인데 뭐할 게 있는지 물었다. 이번에 너무 좋은 펀드 상품이 나왔는데 한번 넣어보라고 권했다. 10년 만기의 저축보험도 좋으니 설명을 들어보라고 한다. 거만하게 웃으며, 나는 주식한다고 했다.

"장이 한참 좋았는데 요즘 좀 하락 추세 같던데요."

"그러니까 추매해야죠. 지금은 조정장이거든요."

월가의 주식 전문가 마냥 잘난 척하며 돈을 주식계좌로 입금하고 은행을 나왔다. 요즘 세상에도 펀드하고 적금하는 사람이 있다니, 아직도 저축보험을 팔고 있다니, 속으로 비웃었다. 주식해야지, 주식. 이게 얼마나 좋은 건데 주식을 안 하고 뭐 하고 있는 건지, 딱하고 안쓰러운 사람들이라며 안타까워했다.

주식 계좌에 입금된 적금 만기금을 보니 벌써 든든해졌다. 몇 달 뒤에는 아니 1년 뒤에는 몇 배가 될지도 모를 돈이 보였다. 주식 창을 열어보니 조금 떨어졌다. 오늘 더 많이 사야 했다. 이러다 내일 오르면 큰일이니까. 적금 만기가 된 돈은 모두 주식을 사기로 했다. 뭘 사야 할까 고민스럽다. 인터넷 뉴스의 인기라는 종목을 이것저것 찾아본다. 다른 투자자들의 의견도 들어봐야 하니 카페나 블로그를 봤다. 이런저런 글을 읽어 보지만 무슨 말인지 잘 모르겠다. 그보다 더 빠르고 쉬운 토론방으로 갔다. 쌍욕이 난무하고 저주가 빗발치는 그곳에서 내가 살 주식을 찾자. 지금 조정 중이고 일부러 개미 털기를 한다는 글을 찾았다. 뒤이어 2분기 흑자에 이 회사에서 발표할 중대한 뉴스가 있다고 한다. 토론방에 있는 말을 다 믿을 수는 없었다. 내가 보기에 좋은 말만 믿기로 했다. 역시 나는 운이 좋아서 이런 고급 정보를 얻었다고 생각하며 매수 버튼을 눌렀다.

바보 중에 상 바보가 되어가는 중이었다. 주가가 올라가면 그곳은 다들 축배를 들었고, 주가가 떨어지면 이 회사는 곧 오를 거라는 근거 없는 희망으로 동지애를 발휘했다. 주가가 계속 떨어지자 토론방이 욕으로 도배되고 죽일 놈의 회사라고, 주가를 방어하지 않고 뭐하냐고 아우성을 치기 시작했다. 그래도 희망은 있었다. 좋아질 거라고, 지금은 쉬어가는 중이라고 나를 위해 써준 것 같은 글을 보며 마음을 토닥였다. 이래서 주식할 때 서로 의견을 나누고 정보를 공유해야 하나 보다. 나도 언젠가는 이들에게 도움이 되는 글을 남겨줘야겠다고 생각하고 있는데 장문의 글이 하나 올라왔다. 조목조목 틀린 말이 없었다. 글의 끝에 투지는 본인의 선택이며, 설마 이 토론방의 글을 보고 매수와 매도를 하는 사람이 있겠느냐고 했다. 그런 사람이 어디 있을까 싶기도 했지만, 내게 도움이 되는 댓글을 찾아 읽어봤다. 이 회사는 좋은 회사니 걱정 말라고, 주가는 곧 바닥을 찍고 오를 거라는 천사 같은 사람의 글은 어디에 있을까?

다음 날도 장은 안 좋았다. 이렇게 파랗게 떨어지다니, 걱정이 되고 마음은 불안했다. 내가 뭐라도 해서 주가를 높일 수만 있다면 좋으련만 내가 할 수 있는 건 아무것도 없었다. 남편과 의논하지도 않고 적금 만기금으로 다 주식을 샀으니 이건 절대로 떨어지면 안 된다. 몇 년을 꼬박꼬박 모아온 돈인데 한번 만져보지도 못하고 이렇게 손해를 봐서는 안 된다. 뭘 할 수 있을까? 토론방에 다시 기웃거려 보지만 어제와 달리 좋은 글을 찾기가 어렵다. 빨리 탈출하라고 한강 물이 어쩌고 하는 글만 가득했다.

토론방이 이토록 아비규환인 걸 보니, 지금이라도 팔아야 하는 게 아닐까? −12%라니 정말 마음이 아프지만 지금이라도 판다면 전에 수익 본 것도 있으니까 전체적인 금액은 손해가 아니다. 어서 팔아버리자 싶어 주문 창을 여는데 쉽게 팔 수 없었다. −12%라니, 이건 정말 너무 아까워서 안 되겠다. 내일까지만, 딱 내일까지만 기다려 보고 안 되면 팔

자며 주식 창을 닫았다. 이 종목은 분명 토론방에서 좋다고 해서 산 믿을 만한 종목인데 왜 이런 걸까? 토론방에서 곧 주가가 날아갈 거라고 했는데 왜 안 오르는 걸까? 어떤 사람은 지금이라도 팔라고 하는데 어떻게 할지 결정할 수 없었다.

토론방의 말만 믿고 샀던 내가 토론방의 말을 믿고 팔아야 할지 고민이 되었다.

어제보다는 올랐겠지, 하며 주식 창을 열어본다. −20%를 넘었다. 이제는 못 팔겠다. 이 정도로 손해가 났는데 어떻게 팔 수 있을까? 어제 팔았다면 속상하다 정도겠지만, 1천만 원이 8백만 원이 되었는데 기다리는 거 말고는 없었다. 다행스러운 건 그 돈이 빚을 낸 게 아니라 적금 만기금이라는 거였다. 조급해 하지 말고 기다리자. 기다려 보자. 나는 억세게 운이 좋은 사람이니 기다리면 된다. 된다. 된다. 주문을 외워 보지만, '야발라바히야 야발라바히야' 해 보지만 덩크슛하기보다 어려운 소원은 아닐까 슬슬 불안해졌다.

주문을 외워도 주식은 오르지 않고 손해를 봤다. 얼마나 운이 좋았는지 모르겠다. 주식을 시작하자마자 수익이 나니 내가 잘해서 그런 줄 알았다. 1년 내내 그 수익률이 지속

되었다면 어땠을까? 아마 집도 팔고, 빚을 내서 있는 돈 없는 돈을 모두 주식에 투자했을 것이다. 그러니 그때 손해난 게 얼마나 다행인지 모르겠다. 주식으로 일확천금도 못 벌고 로또처럼 인생 역전도 할 수 없다는 걸 빨리 알았으니 얼마나 다행인가. 그러나 그때는 손해만 나면 슬펐고 수익이 나면 마냥 기뻤다. 매수를 어떻게 해야 하고 매도는 언제 하는지도 모르면서 주문만 외웠는데도 운이 좋아 빨리 손해를 보며, 주식의 쓴맛을 보았다.

정기예금 금리 변화(출처:통계청)

예금금리는 1997년 이후 꾸준히 떨어지고 있다. 조금 오른다고 해도 4%를 넘기기가 쉽지 않다. 안정적이고 불안하지 않은 은행예금만 좋다면 말리지 않겠다. 그러나 매달 적금 50만 원을 넣는다면 10만 원은 적립식으로 주식을 사보자. 적금을 넣듯 주식을 1년만 사 보자. 배당금만 받아도 예금 이자보다는 높다.

Chapter 02

<주식 신생아기>
당연했던 투자 손해

당신들이 사라고 했잖아요,
오를 거라고 했잖아요

하락장은 한 번도 경험해 보지 못한 공포를 안겨줬다. 돈은 그저 숫자처럼 느껴졌고, 원래도 좋아하지 않던 파란색은 질리도록 싫은 색이 되었다. 증권가 사람들은 옷도 파란색은 안 입는다고 하더니, 나도 이제 파란색이라면 쳐다보기도 싫어졌다. 이게 이렇게까지 떨어지면 안 되는데 다른 주식들도 이렇게 많이 떨어지는지 찾아보니 그렇지도 않았다. 내가 산 주식들만 꾸준하게 매일 조금씩 떨어지고 있었다. 하루도 빨간색이 되는 날 없이 성실하게 파랗게, 파랗게 덮인 속에서 파란 마음으로 애를 태웠다. 이러고 있을 때가 아닌데, 어디 학원이라도 있으면 가서 좀 배워보고 싶어졌다. 물어볼 사람이라도 있으면 좋으련만 주식은 쳐다보지 않는 언니와 관심 없는 남편, 손해가 났다고는 죽어도 말해주기 싫은 옆집 아주머니만이 내가 아는 전부였다.

무거운 마음을 남편에게는 티 낼 수 없었다. 진짜 차라도 바꿀 요량으로 매일 자동차 전단지만 보는 사람에게 손해가 났다는 걸 눈치라도 챘다면 안 될 노릇이었다. 그 비웃음과 질타와 수모를 감당하기는 죽기보다 싫었다. 그래서 최대한 자연스럽게 평소처럼 행동했다. TV 채널을 돌리다 보니 평소에는 안 보이던 주식 방송 채널이 보인다. 이런 게 있구나. 전문가 몇 사람이 추천 종목을 하나씩 들고나오면 '좋다' '아니다' 푯말을 들고 그 주식을 평가해줬다. 내가 산 종목도 나왔는데 모두 다 '좋다' 푯말을 들어줬다.

이유를 들어보니 구구절절 옳은 말이었다. 한마디로 이 회사는 지금 조정을 받고 있지만, 계속 오를 테니 지금 매수할 타이밍이라고 했다. 앞으로 반도체 시장은 맑음이니 이런 장비주들은 전망이 좋다고 했다. 곧 유상증자도 한다고 하는데 이게 또 기가 막히게 좋다고 했다. 회사가 영업이 너무 잘 돼서 공장을 더 지어야 하는데 돈이 없으니 주식을 더 발행하고 주주들에게 먼저 주식을 살 기회를 준다고 강조했다. 그럼 일시적으로 지금 떨어질 수 있지만 이 회사는 무조건 오른다고 했다. 방송을 보니 이 사람들 말대로 된다면 곧 회복될 듯했다. 전문가들은 역시 달랐다. 회사를 분석해 주고 주가를 예측해 주다니. 이런 좋은 사람들이 방송까지 해 주다니, 세상은 역시 살 만한 곳이었다. 그래, 나는 주식에 타고난 사람이었다. 비록 지금은 마이너스 수익률이지만 이 회사는 이제 그 유상증자가 뭔가 하는 걸 하고 나면 주가가 날아오르겠지. 믿을 곳이라곤 주식방송밖에 없었다. 토론방의 말만 믿고 사고팔던 상 바보는 이제 주식방송의 말만 믿고 사고팔기로 마음먹으며 상 머저리 자리까지 획득했다.

반도체도 어려운데 반도체 장비주라니. 지금의 나였다면 고민하고 고민하며 회사를 더 공부해 보고 난 뒤 10주 정도 사서 시세를 지켜보았을 것이다. 내가 모르는 분야고 처음 들어보는 회사라면, 의심부터 하고 거북이보다 천천히 주식을 야금야금 사보았을 것이다. 주식방송은 채널에서 지워놓고 안 봤을 것이다. 주가를 예측하고 시장을 예측한다고 하는 점괘는 안 믿었을 것이다.

그렇게 되기까지 몇 년이 걸렸기에, 몇백만 원이나 손해를 보았기에 부디 이 책의 독자 중 한 사람이라도 시간을 줄이고 손해를 줄일 수 있다면 좋겠다. 지금이라도 당장 그 토론방에서 나오고 주식방송에서 손을 떼기를 바란다. 당신의 돈을 지켜주는 것은 막말이 난무하는 토론방도, 전문가라면서 전문성이라곤 없어 보이는 주식방송의 그 사람들이 아니다. 당신의 돈에 가장 관심 있고 열심인 사람은 당신밖에 없다. 그러니 제발 자기 돈에 관심을 가지고 공부하자. 얼굴도 본 적 없는 사람들의 댓글만 믿고 주식을 사고팔지 말자. 방송에서 사라는 종목만 사면 부자가 될 거라는 어리석은 생각을 버리자. 그렇게 좋은 종목이면 자기가 사서 부자 되지, 왜 남들한테 알려주겠는가?

다단계에 빠져 있을 때는 그 세상이 완벽해 보인다고 한다. 이거면 돈 버는데, 안 하는 사람이 손해라고 생각한다. 그래서 그렇게 지인들에게 다단계를 권하며 함께 돈 벌자고 한다. 다단계 바깥세상에 있는 우리들은 저게 마냥 쉬운 게 아니고 무조건 부자 되는 게 아니라는 걸 안다. 주식장도 비슷하다. 토론방, 리딩방, 유료 정보에 빠지면 돈을 벌 것 같고, 그게 진리이고 길이라고 생각한다. 한 발짝만 나와서 보면 진실이 보이는데 그 한 발짝을 뒤로 물리지 않는 그들은 자기 돈에 책임을 지기 싫어한다.

내 돈에 관심을 가진다는 것은 책임을 지겠다는 뜻이다. 이 돈이 마이너스가 되어도 플러스가 되어도 내 책임이니 공부해서 돈을 벌겠다는 사람의 주식 투자는 성공한다. 나는 책임지고 싶은 마음이 없으니 남들이 알아서 돈을 불려 주기를 바라는 사람의 주식 투자는 실패한다. 다단계로 부자 되기가 그들 말처럼 쉽다면 왜 우리 주변에 다단계 지인들은 부자가 아닐까? 답은 우리가 생각하는 그대로다.

02

북으로 한 걸음은
부자로 한 걸음도 못 가고

회복되지 않는 것은 불치병만이 아니었다. 주가도 회복되지 않았고 내 마음도 회복되지 않았다. 불과 몇 주 전만해도 주식으로 부자가 되는 꿈을 꾸었다. 이제는 부디 원금까지만 주식이 올라주면 좋겠다며, 마음속으로 기도까지 했다. '원금까지만 올라오면 다 팔고 다시는 주식하지 않겠습니다.' 하느님, 부처님, 알라님께 제발 도와달라고 빌었다. 그 바쁘신 분들이, 세계평화와 인류 구원에도 모자란 그분들의 힘을 내 주식 따위에 쏟아주실 리 없겠지만 빌고 빌었다. 친정엄마 따라 절에 가서는 돌탑을 돌며 주식상승 염불을 외웠다. 마음으로 믿고 있던 하느님에게는 원금만 찾게 해주면 성당에 나가겠다며, 혼자 거래를 했다.

'왜, 내가 산 주식만 이러는 걸까? 나 정말 좋은 주식들만 샀단 말이야.'

치료제 개발로 핫한 제약주와 앞으로 대장주가 될 반도체 장비주 등 그렇게 좋은 주식들만 샀는데 말이다. 그런데 왜 내가 산 주식들만 자꾸 떨어진단 말인가. 주식을 하지 말라던 어른들의 말씀이 맞았다. 주식은 하는 게 아니었다. 내가 산 이 좋은 종목들이 이렇게 떨어지는 건 큰손들 때문이었다. 개미들은 역시 큰손을 이길 수 없다. 한국 시장은 북한이라는 불안한 요소와 규모가 작은 내수시장과 어쩌고저쩌고하며 김치디스카운트가 있다고 하니 이럴 수밖에 없는 것이다. 주식은 집안 망하는 지름길이었다. 눈물 젖은 계좌를 보며 생각했다. 이제 돌이킬 수 없다고…. 다시는 주식 따위는 하지 않을 거라고 나는 맹세했다.

다시는 안 하겠다고 했지만, 뉴스에서 들리는 주식이라는 소리에 귀가 솔깃해지고 눈이 그쪽을 향했다. 남북이 한참 화해모드였던 2018년 경협주는 최고가를 찍었다.

'그게 뭔데, 경협주?'

'나 다시는 주식 안 한다니까!'

그럼에도 이건 정말 안전하고 안전하다고 했다. 통일이 되면 북한의 철도를 깔고, 전기 인프라를 설치하고, 그러려면 이런 종목들은 오를 수밖에 없다고 했다. 딱 500만 원만 해보자. 이게 오르면 올초 주식으로 손해난 것도 메꿀 수 있었다. 이렇게 좋은 남북 화해 모드에서 경협주 말고 뭐가 있단 말인가. 이번 딱 한 번을 마지막으로 본전을 찾고 다시는 주식을 안 할 거라고 다짐하며 다시 매수를 누르고야 말았다.

경협주를 사고 50% 수익이 올랐다. 500만 원이 한 달도 안 되어 750만 원이 되었다. 이제 팔기만 하면 되는데 뭔가 너무 아쉬웠다. 그냥 두면 곧 1,000만 원이 될 텐데 250만 원 먹자고 지금 팔기에는 내 그릇이 너무 작게 느껴졌다. 조금 더 살까, 고민했지만 이젠 안전을 추구하는 투자가가 되어야 하니 그냥 500만 원이 1,000만 원이 될 때까지 기다려보기로 했다. 김정은이 우리 대통령의 손을 잡고 북으로 한 걸음 따는 순간 나는 느꼈다. 경협주가 내 손을 잡고 한 걸음 부자로 모시고 있었다.

주식은 이렇게 하는 거였다. 좋은 종목이나 오를 종목을 찾지 말고 뉴스에서 핫하다고 하는 종목을 사서 먹고 나오면 되는 거였다. 나는 그동안 왜 토론방이며 뉴스며 주식방송을 보고 알려지지 않은 좋은 종목이 없나 찾고 다녔을까? 그저 지금 뜨고 있는 종목을 사면 ㄱ 오르는 추세에 같이 타기만 하면 되는 거였는데, 참 어리석었다. 그래도 경험은 중요하니까, 이번에는 수익이 나도 잘난 체 하지 않고 설레발도 치지 말아야지. 그저 조용히 기다리며 겸손하게 100% 정도의 수익만 나기를 기도했다. 이 정도 기도는 들어주시리라 믿었다.

도박하는 사람들을 이해하게 되었다. 지나고 보니 이때 나는 주식하는 마음이 아니라 도박하는 마음이었다. 놓친 판돈이 아까워 딱 한 번만 더 해서 본전만 찾겠다는 마음이었다. 오늘 돈을 따고 다시는 오지 않겠다고 말하는 도박장의 중독자였다. 그리고 그 중독자의 결말은 영화를 끝까지 보지 않아도 짐작하는 대로 되어 간다. 빚쟁이들이 쫓아다니고 식구들은 뿔뿔이 흩어지고, 인생의 막장을 걷는다. 신체 포기각서까지 썼다면 그 주인공은 소리소문없이 어딘가로 끌려가겠지.

이제 정말 기다리기만 하자. 대통령과 김정은이 만났으니 좋은 결과가 있을 것이고, 경제협력도 이야기하겠지. 그렇게 되면 경협주는 날리라. 내 돈 500만 원은 어쩌면 2배, 3배가 될지도 모른다. 차분하게 기다리며 기쁨만 맛보면 된다. 돌아온 대통령은 웃고 계셨는데, 주가가 이상했다. 웬일인지 경협주가 날지 않았다. 꾸준하게 떨어지는데 무슨 일이지? 남과 북이 웃으면서 손을 잡았는데 왜 날지 않니, 왜 날지 못하니? 남과 북이 손을 잡았는데 왜, 왜, 왜, 날지 않느냔 말이다.

테마주, 급등주, 작전주는 쉽게 오르는 달콤한 담금주 같다. 술은 좋아하지만 담금주는 입에도 대지 않는 이유는 입에 단 그 술을 계속 마시다 보면 내가 얼마나 취했는지 알수 없기 때문이다. 결국은 대낮부터 부모님의 안부를 묻게 되는 안하무인이 되고 만다. 흑역사를 몇 개나 만들어 준 덕분에 담금주에는 손도 대지 않았다. 테마주, 급등주, 작전주에 손 대는 순간 나는 투자자가 아니라 투기꾼으로 취하게 된 것이다. 내가 얼마나 멍청한지 모른 채 계속 매수해 매일매일 주가를 보며 거나하게 취해 결국 쓰러졌다.

이름만 경협주지 내게는 작전주나 마찬가지였다. 오르기만 기다리는 급등주였다. 그나마 담금주는 만드는 데 들이는 정성과 몸에 좋을 것 같은 기분이라도 든다. 내가 마신 술값만 내면 된다. 마시는 동안 친구들과 즐겁기라도 하다. 테마주, 급등주, 작전주가 눈에 아른거린다면, 차라리 포도주에 매실주와 인삼주를 섞어 마시자. 그렇게 섞어 마셔도 숙취는 하루면 끝나지만, 주식으로 손해본 금전적 피해와 마음의 상처는 영원히 지워지지도 않고 풀리지도 않았다.

파란 나라를 보았니?
공포와 좌절이 가득한…

경협주는 남북 회담 이후 보기 좋게 떨어졌다. 올랐을 때 팔지 못한 게 아까워서, 이 좋은 화해 무드에 다음 회담 때는 오를 걸 기대하며 500만 원은 또 그렇게 주식에 묻히게 되었다. 750만 원까지 올라갔던 원금 500만 원은 꾸준하고 성실하게 떨어지기 시작했다. 650만 원쯤 되었을 때 팔아야 하나, 고민했지만 아른거리는 최고점 750만 원이 나를 붙잡고 놓아주질 않았다. 남편에게도 조금만 기다리면 좋은 소식이 있을 거라고 했는데 750만 원이 650만 원이 되니 차마 팔 수 없어 다시 오르기를 기다렸다.

750만 원이면 25%의 수익이다. 1년도 안 되이서 25%라면 어마어마한 수익인데 팔지 못했다. 멍청하게 더 오를 거라고 생각했던 내 발등을 찍고 싶었다. 내 계좌는 이제 총수익률이 마이너스가 되었다. 유상증자 후 반토막이 난 종목과 꾸준하게 떨어지는 이 경협주가 계좌를 마이너스로 만들더니 2018년 12월 손실액은 800만 원 정도였다. 주식을 시작하고 1년 만에 마이너스 800만 원이 된 것이다. 마이너스 800만 원이라니….

800만 원이면 조금 더 보태서 경차도 한 대 사고,

800만 원이면 꿈에 그리던 샤넬 백도 사고,

800만 원이면 가족이 호화롭게 해외여행을 갈 수 있는 돈이었다.

한 번 만져보지도 못한 돈이 그렇게 없어졌다. 800만 원어치의 슬픔과 괴로움과 좌절만이 내게 남았다.

김정은도 싫고 남북 평화도 다 싫어졌다. 트럼프는 뭐 하느라 찬물을 퍼붓는 건지 모르겠다. 내 주식을 떨어지게 한 그들이 원망스럽고 야속하기만 했다. 나는 분명 잘했는데, 그들 때문이라며, 누구라도 원망의 대상으로 삼아야 했다. 김정은 때문이라고, 트럼프 때문이라고. 김정은도 트럼프도 내게 경협주를 사라고 권하지 않았지만 나는 그들이 미웠고, 내 주식의 하락은 그들의 잘못이었다.

고점에서 팔 수 있는 사람은 아무도 없다. 어떤 주식 전문가도 최고점에서 팔 수는 없다. 그럼 최고점에서 판 사람들은 누구인가? 최고점 바로 밑에서 산 사람들이겠지. 나 역시 여러 번 최고점을 놓쳐 보고 깨닫게 되었다. 무릎에서 사서 어깨에서 파는 것도 쉽지 않다. 하물며 바닥에서 사서 천장에서 팔 수 있는 사람은 없다.

그러니 내가 원하는 보유기간과 수익률을 생각해 두자. 융통성 없이 정확히 그 숫자에 그 기간이 아니라 그 정도 기간 안에서 그만큼 수익률에 도달했다면, 회사의 분위기를 살펴보고 매도하자. 이 회사 말고 보유하고 싶은 더 좋은 회사가 생겼다면 목표 수익에서 미련 없이 매도하자. 주가는 오르지만 재무제표가 불안하고 회사에 문제가 생겼다면 반드시 매도하자. 아무리 예쁘고 사랑스러워도 주식과 사랑에 빠지지 말자. 매도 후 주가가 날아도 후회하지 말자. 그만큼의 수익이 내 그릇이었음을 인정하고 그 정도 수익에도 감사하자. 덕분에 나만의 룰은 하나씩 생겼고, 지켜야 할 룰이 많아지면서 팔 때도 조심, 살 때는 더 조심하게 되었다.

팔지 못한 경협주 '한라건설'은 그사이 사명도 'HL D&I'로 바꼈다. 애증의 경협주 '한라건설'의 현재 주가는 2018년 매수했을 때의 반값이다. 주식하면서 내가 잘한 매도 중 하나가 6천 원대에 샀던 이 주식을 2년간 들고 있다 6천 원대에 판 것이다.

나, 다시 적금할래

이래서 주식은 집안 망하는 지름길이다. 이런 도박성 짙은 걸 투자라고 하다니. 내 자신이 한심하게 느껴졌다. 역시 부동산이, 우리나라는 부동산이 맞는 거다. 부동산으로 부자가 되어 볼까? 살고 있는 내 집이 하나 있는데, 이건 오르지도 않는다. 남들은 로또라는 아파트 분양이 잘도 되던데 나는 왜 그런 운도 없는지 해 봐야 떨어졌다. 갭 투자라는 건 전세를 끼고 아파트를 사는 거라고 한다. 집값은 오늘이 '지. 젤. 싸.' 지금이 제일 쌀 때라고, 지금 못 사면 안 된다기에 그럼 그 갭 투자라도 해보자 싶어 부동산을 기웃거려 보지만 그것도 돈이 있어야 했다. 단돈 몇천만 원이라도 있어야 하고 취득세, 등록세에 복비까지, 견적을 내어 주는 부동산과 상담하고 돌아오니 역시 부동산 투기는 하면 안 되는 거였다. 아니, 못하는 거였다. 가족이 있을 집이니 하나만 있으면 되지 않느냐고, 스스로 달래보지만 아쉬움은 쉽게 떨쳐지지 않았다.

주식은 쳐다보기도 싫은데 어쩌나. 그렇다면 현금이다. 다시 은행으로 갔다. 은행원은 친절하고 달콤하게 펀드와 ELS를 추천해 준다. 고개를 저으며 적금 가입을 외치고 자동이체를 신청했다. 2%도 안 되는 이자라니, 1년 물가 상승률은 4%라는데 나는 2%도 안 되는 이자를 받고 거기서 만기 시 이자에서 15.4%의 세금까지 떼간다. 적금을 넣으면 마이너스가 되는 상황이었다. 그래도 주식은 무서웠다. 적금을 넣으면 원금이라도 보전되지만 주식은 마이너스 50%가 되어도, 마이너스 90%가 되어도 누구도 책임져 주지 않았다. 그러니 내게는 적금이, 은행이 제일 낫겠다 싶었다.

적금을 다시 시작한 것이 얼마나 잘한 일인지 모르겠다. 잃은 돈을 찾겠다는 마음으로 계속 주식을 했더라면 어땠을지 생각만 해도 끔찍했다. 주식이 이렇게 무서운 거였다. 초심자의 행운에는 끝이 있었다. 나는 주식 고수는커녕 주식 투자도 아닌 투기꾼 그 이상도 그 이하도 아니었다. 빨리 그

걸 깨닫고 주식에서 손을 떼고 적금을 다시 시작한 나를 아주 칭찬했다. 한 방을 기다리며 몇 배를 노리던 노름꾼은 주식으로 1년에 10% 수익률이 쉬운 게 아니라는 말이 백 번이해가 되었다. 10%가 아니라 5%라도 보장하고 주겠다는 곳이 있다면 맡기고 싶어졌다. 그래도 미련은 남고 뭔가 아쉬웠지만 적금은 꾸준히 자동이체로 모이고 있었다. 돈이 모인다는 마음보다는 물가 상승률보다 낮은 이자율이 더 신경 쓰였다.

마이너스 800만 원을 어떻게든 메꾸기 위해 알바라도 하고 싶었다. 부업이라도 하고 싶은데 요즘은 인형 눈 붙이기도 없고, 전화로 집에서도 할 수 있다는 꿀 알바로 월 200만 원을 번다는데, 누가 봐도 사기 같았다. 세상에 쉬운 돈은 없다는 걸 800만 원을 잃고 알았다. 내가 주식으로 벌려고 했던 돈은 쉬운 돈이었다. 아무 주식이나 사면 오르는 줄 알았고, 소문에 사면 상한가로 가는 줄 알았다. 방송에 나와서 이거 사라, 저거 사라 하는 사람들은 다 전문가인 줄 알았다. 주식으로 버는 돈은 쉬운 돈이라고 생각했으니 돈을 못 번 것은 당연했다.

적금을 넣을 때도 0.5%만 이율이 높다고 하면 줄을 서서 그곳에 적금을 넣으면서, 포인트 적립해 준다고 하면 기를 쓰고 10개 채워가며 커피를 마시면서, 주차비가 아까워서 걸어가고, 사은품 주는 1+1은 놓치지 않고 사면서, 주식은 어떻게 사고 있는가? 현재 주가가 기업 가치에 비해 높은지, 재무제표는 괜찮은지, 배당은 주는지, 분할매수는 몇 번이나 해야 할지 생각해 보았는가? 보수적인 사람들은 적금이나 들면서 부동산 투자를 하겠다고, 너나 주식하라고 한다. 나처럼 투자에 보수적인 사람이 있을까? 1년에 10% 수익률을 목표로 공부한다고 하면 친구 남편들은 비웃는다고 한다. 그 정도 수익률은 공부 안 해도 된다고. "네 친구 참 꿈이 소박하네"라고 한다.

나는 아직도 적금을 넣고 있다. 이자 수익을 얻기 위해서가 아니라 묶어서 목돈으로 만들기 위해 아직도 불입하고 있다. 꾸준한 나를 칭찬하기 위해 만기까지 넣고 있다. 부동산 투자는 대한민국에서 쉽게 부자가 되고 제일 가능성이 높다고 한다. 그런데 그 부동산 투자를 하기 위해서는 돈이 있어야 했다. 몇천만 원, 몇억이 있어야 가능한 게 부동산이다. 주식은 백만 원으로 아니 단돈 만 원으로도 시작할 수 있다. 그래서 누구라도 시작할 수 있다. 그러나 누구든지 돈을 벌 수 있는 게 아니다. 성실하고 보수적인 사람이라면 주식에 잘 맞는 사람이다.

적금을 꾸준히 넣어서 만기에 찾아본 사람이라면 더 잘할 수 있을 것이다. 1년도 좋고 3년도 좋다. 5년 이상 꾸준히 불입해 보았다면 더 좋다. 그렇다면 주식에 딱 맞는 사람이다. 그런 꾸준함이면 주식으로 성공할 수 있다. 좋은 주식을 찾아서 분할 매수하고 주식을 보유하자. 적금을 들었다는 마음으로 기다리면 빠르면 1년 또는 3년이나 5년 안에 적금보다 나은 이율이 기다리고 있을 것이다. 주식한다면서 웬 적금 타령이냐고 타박하지 마시라. 돈을 꾸준히 모아 본 사람과 중간에 해지하고 써버린 사람은 돈을 대하는 태도가 다르다. 적금을 만기까지 불입해 본 사람이라면 좋은 주식을 사서 일정 기간 보유할 가능성이 높다. 적금 만큼 안전한 주식을 찾아 적금보다 나은 이율이라며 만족할 수 있는 사람이라면 주식 투자에 성공할 가능성이 높다. 적금을 불입하듯 좋은 주식을 꾸준히 매수하는 사람이라면 부자될 확률이 높다.

적금하고 있는 당신, 주식도 하자. 적금 만큼 안전하고 적금보다 나은 이자를 주는 주식을 찾자. 돈을 벌겠다는 마음으로 주식을 찾지 말고 지금 넣는 적금 만큼 안전한 주식을 찾자. 그렇게 찾다 보면 테마주, 급등주 말고 우량주, 가치주, 배당주 같은 주식들이 눈에 들어온다.

적금처럼 매달 주식 사보기

계좌를 만든 후 매달 일정 금액을 주식 계좌로 이체하자.
10만 원이나 20만 원 정도로 시작해서 원하는 주식들을 사
보자.

적금을 몇 달 넣었다가 해지하지 않듯 이 주식들을 1년 만기
나 2년 만기의 적금에 가입했다는 마음으로 기한을 정해두고
사보자.

손해나기 싫고 자신이 없다면 적금을 넣던 은행주부터 사보자.
은행주는 배당금도 높고 낙폭도 크지 않아서 안정적이다. 매
달 주식을 1주라도 사면서 주식장에 손가락 하나라도 얹어
놓고 있어야 한다. 그렇게 아주 조금씩 손가락 끝이 물들어
가며 주식 투자를 공부해야 한다.

05
아이들한테 물려주겠다는
비자발적 장기투자의 시작

주식을 사놓고 올라라, 올라라 기도하는 매매법을 기도 매매라고 한다. 비자발적 강제 장기투자는 너무 떨어져서 손대기도 겁나니, 자식들한테 물려주려고 그냥 묻어둔 매매법이라고 한다. 웃자고 만든 이 말에 웃을 수 있는 사람이 몇 명이나 있을까? 기도는 매일 하고 있었다. 수익 나게 해달라는 기도가 아니었다. 제발 원금까지만이라도, 그것도 과하다면 마이너스 10% 정도까지만이라도 오르게 해달라고 빌고 있었다. 신은 야속했고, 내 기도는 이제 포기와 원망과 자책이 돼 있었다.

다음 단계는 장기투자로 가자는 생각의 전환이었다. 어

차피 당장 쓸 돈도 아니었다. 아이들 클 때까지 묻어두면 대학 입학 때는 몇 배가 될지도 모른다는 기분 좋은 상상을 하며 스스로를 달랬다. 존 리 대표도 말하지 않았던가? 주식은 파는 게 아니라고. 본인은 몇십 년을 주식을 보유했기에 그렇게 부자가 되었다고 했다. 그는 좋은 주식을 장기투자해야 한다고 강조한다. 미래 가능성이 있는 좋은 주식을 오래 들고 있어야 한다는 말이다. 그러니 장기투자도 나쁘지 않구나 싶었다. 토론방의 오른다는 소문만 믿고 산 내 주식을 말하는 게 아니었다. 유상증자했는데 반토막이 나고, 경협주라며 유행 따라 산 주식을 말하는 게 아니었다. 그래도 사람 일은 모르고 주식시장은 더 모르니 들고 있어 보자, 장기투자한다는 마음으로 들고 가자, 내가 복이 많아 나중에는 오를 수도 있다고 생각했다.

내 마음은 내가 제일 잘 알고 있다. 아니, 내가 산 주식은 내가 제일 잘 알고 있다. 처음부터 장기투자 하겠다고 마음먹고 주식을 샀더라면 주가가 내려가도 불안하지 않았을 것이고 내가 산 금액보다 떨어졌다면 추매했을 것이다. 당장 수익을 먹겠다고 산 테마주, 급등주는 오를 수가 없다. 오를 일이 없다. 나는 알고 있었다. 장기투자는 불가능하다는 것을. 그래도 3만 원에 산 주식인데, 2만 원에 팔 수는 없었다. 1만 원까지 떨어지니 할 수 있는 게 없었다. 코로나 장에서는 8천 원까지 떨어졌는데 그때는 좋게 생각하자, 좋은 쪽으로 생각하자며 나를 달랬다. '가족 중 아픈 사람도 없잖아. 내가 어딜 다친 것도 아니잖아. 코로나도 안 걸렸잖아. 그럼 됐지 뭐. 돈이 다가 아니야.' 혼자서 아무리 그렇게 생각해봐도 생활비가 모자라거나 목돈이 필요하면 그 돈이 생각났다. 주식을 안 했더라면 좋았을 걸, 그 주식을 안 샀더라면 좋았을 걸, 마이너스 10%에서 팔았다면 좋았을 걸. 꼬리에 꼬리를 무는 후회는 자다가도, 설거지하다가도 찾아와서 그 꼬리로 모질게도 후려치곤 했다.

평소에도 다정하면 좋으련만, 갑자기 다정해진 남편이 차는 언제 바꿀 수 있느냐고 물었다. 지금 손해가 얼만데 차를 바꾸냐고 호통이라도 치고 싶지만, 아직 남편에게 나는 주식 고수인 것처럼 연기 중이었다. 손실이 얼마나 났는지 모르는 그에게 솔직하게 진실을 말할 수는 없었다. 주식에 관심 없다고 타박하던 남편이었는데, 어떤 종목을 샀는지도 모르는 그가 이때는 얼마나 고맙던지. 조금만 기다려라, 지금은 손실 구간이라 곧 오를 거 같으니까 손실만 만회되면 차 바꾸자며 어르고 달랬다. 남편은 입을 삐죽이 내밀고 자동차 영상만 뚫어져라 보고 있었다.

'고맙습니다. 감사합니다. 손실액이 얼마인지 안 물어봐 줘서 고맙습니다.' 절이라도 하고 싶었다. 수익은 바라지도 않았다. 내가 산 금액까지만 오르면 좋겠다. 그래도 주식은 우상향이니까 10년 후에는 이 주식도 내가 산 금액 만큼 오를 거라고 긍정의 신호를 보내보지만 내가 제일 잘 안다. 내가 산 주식은 장기투자해도 오르지 않을 주식이었다.

그 회사는 어찌 되었을까? 유상증자했고, 주가는 천천히 반토막이 났으며, 2020년 코로나 장에서는 3만 원에 샀던 그 주식이 8천 원까지 떨어졌다. 그래도 잘한 거라면 참고 기다려 2020년 여름 2만 원까지 올랐을 때, 손절했다. 이 글을 쓰는 지금, 이 회사의 주가를 찾아보고 가슴을 쓸어내렸다. 내가 주식하면서 또 잘한 매도가 이 주식을 코로나 활황장에서 손해 보고 판 게 아닐까 싶다.

Chapter 03

<주식 영아기>
주식 공부는
걸음마부터

책으로
주식 공부가 가능할까?

몸이 안 좋았다. 이제 마흔이 넘었으니 몸이 매일 좋다는 것도 이상하지만 이렇게까지 안 좋은 게 뭔가 이상했다. 속이 영 불편하고 금방이라도 토할 것 같다. 설마 이 나이에 그럴 리가 있을까? 여섯 살이 된 딸은 당시에도 늦은 나이인 서른다섯에 낳아서 키우기가 쉽지 않았다. 그래도 유치원에 가니 좀 수월해졌고 주식도 하게 되었다. 우리는 늘 딸 하나 있는 3인 가족이라고 했는데, 이러다 4인 가족이 되는 건가 싶었다. 기쁘고 두려운 마음이 계속 시소를 탔다. 병원에 가니 노산이지만 둘째라서 큰 걱정 안 해도 된다며, 4인 가족이 될 거라 했다. 담당 선생님도 둘째를 마흔에 낳았는데 노산에 대한 검사들은 안 했으니 굳이 권하지도 않겠단다. 다만, 첫 아이 때 이야기를 듣고는 산후 우울증이었던 것 같다고 한다. 둘째 낳고도 그러면 꼭 정신과 치료를 받아보라며 임신 기간에도 기분과 우울 정도를 잘 살펴보라고 권했다. 첫 아이 낳고 매일 올라오던 짜증이, 이유 없이 미웠던 가족들이 내 못된 성질머리 때문은 아니었던 것이다. 다행이기도 했지만 다시 겪을 그 시간들이 두려웠다.

나는 태교를 위해 주식 계좌를 열어보지 않았다. 주식 때문에 힘들다고 이런저런 이야기를 하다 보니 친구가 내게 내려준 처방이었다.

"사람 나고 주식 났지, 주식 나고 사람 났어?"

친구는 건강한 아이만 생각하고 손해 난 주식은 보지 말라고, 애 좀 키워놓고 보라고 말했다. 구세주 같은 그 친구가 고마웠다. 내게는 이유나 변명이 필요했다. 주식 계좌는 엉망이었고 볼 때마다 기분이 나빴다. 어떻게 해야 할지도 모르겠는데 임신했으니 보지 말라고, 애 키우는 동안 보지 말라고 한다. 너는 어쩌면 이렇게 나를 생각해 주느냐고, 꼭 안아주고 싶어진다. 좋은 핑계가 생겼으니 당분간 계좌는 열어보지 않기로 했다. 그런다고 손실이 수익이 되지는 않지만, 이럴 거면 우량주나 배당주를 샀어야지 싶지만, 할 수 있는 건 아무것도 없었다. 친구의 충고는 나와 아기를 위해서 더없이 좋은 말이었지만, 결국 내 돈에 관심 있는 사람은 친구도 아니고 부모님도 아니었다. 내 돈에 제일 관심 많은 사람은 나 자신이었다. 내가 관심을 보이지 않는 내 돈은 밉고 못나게 점점 작아지고 있었다.

2019년 6월부터는 머리 감을 시간도 없었고, 얼굴에 로션을 바를 여유도 없었다. 아이 키워본 분들은 아시리라. 젖먹이가 있는데 첫애 등원 준비를 해서 유치원 차를 태워 보내고 나면 둘째 젖먹이는 시간에 나는 유체 이탈이 된다. TV는 켜 있지만 소리만 왕왕거리고 걱정해주는 주변사람들이 다 귀찮아진다. 좀 자고 싶다. 좀 제대로 씻고 싶다. 좀 쉬고 싶다. 큰아이 때는 산후 우울증인 줄도 모르고 정말 힘든 시간을 보냈다. 남편은 뒷모습도 보기 싫고 아기를 보면서 울다가 웃다가 실성한 듯 앉아 있었다. 이 아이는 이제 오롯이 내 책임이라는 생각에 밤에는 가방을 싸서 도망이라도 치고 싶었다.

"진짜 못 해 먹겠다. 우리 이혼하자." 퇴근하고 오는 남편에게 이 말을 하려고 얼마나 연습했는지 모른다. 이번에도 그러면 큰일이었다. 정신과 상담을 받아보고 싶지만 젖먹이를 몇 시간 떼놓고 갈 수도 없는 노릇이었다.

뭐라도 해야 했다. 이 기분으로 살 수는 없었다. 큰아이는 몇 시간 후 유치원에서 돌아와 아이 특유의 텐션으로 놀아 달라, 안아 달라, 사랑해 달라고 할 텐데 나 스스로를 돌봐야 했다. 뭐가 있을까? 유튜브에 좋은 강연이 많았다. 틀어놓고 보는데 별로 와 닿지도 않고 산만하기만 했다. 내가 좀 나아져야 하는데 뭐가 있을까? 그때 눈에 꽂힌 게 책이었다. 책을 좋아했지만 내가 좋아하는 것만 읽는 편식쟁이라, 집에 있는 책들은 하늘하늘한 시집과 아련한 소설, 곱디고운 에세이들이었다. 이런 거 읽다가는 울면서 젖먹이고 흐느끼며 업고 다니다 우울함이 더 커질 것 같았다.

온라인 서점에서 '으쌰으쌰'와 '할 수 있다'는 메시지가 담긴 자기 계발서를 주문하고 읽기 시작했다. 자기 계발서에는 대부분 돈 이야기가 많이 나온다. 결론은 자신을 바로 세우고 인생에 성공해서 돈 많이 벌었다는 해피엔딩이 주를 이루었다. 결국 돈인가? 사람은 결국 돈이 있어야 성공한 인생이고 행복해지는 건가? 어설프게 읽던 처음 몇 권은 그랬다. 나는 지금 아기 키우느라 죽겠는데, 뭐라도 좀 힘이 되게 해 달라고 했더니, 새벽 기상을 하고 꿈을 종이에 적은 후 자기 전 감사 일기를 쓰라고 한다. 그러면 원하는 꿈이 이루어지고 부자가 된다는 사기꾼 같은 소리뿐이었다. '나도 하겠다. 이런 소리는. 열심히 살고 돈 많이 벌면 부자가 될 수 있다고. 책 진짜 아무나 쓰는구나.' 작가들을 비하하며 다음 책, 다음 책 얼마든지 비판해줄 테니 '들어와' 하며 읽기 시작했다.

음, 그런데 이게 읽다 보니 감사하기에는 좋은 것 같다. 긍정적인 생각으로 시각화해 보는 것도 도움이 될 것 같았다. 돈이 있다고 행복하진 않지만 없으면 불행해지기 쉽다는 말은 백 번 동의한다. 그래서 지금 내가 뭘 할 수 있을까? 이런 책을 읽는다고 인생이 달라질까 싶었지만 나도 모르게 쥐똥만큼, 병아리 눈물만큼 그렇게 달라지고 있었다. 새벽기상을 왜 하지? 이게 좋은 건가? 부자들, 성공한 사람들은 책을 많이 읽는구나. 원하는 꿈을 매일 쓰다 보면 진짜 좀 이뤄질 것도 같았다. '아기가 있다고 뭘 못 한다는 거지? 두 발로 걸어 다니는 것도 감사할 일이구나.' 부자가 되고 싶어? 야, 너도 할 수 있어. 지금 당장 좋은 습관부터 만들어 봐. 다그치는 것 같지만 기분 나쁘지 않았다.

나도 해보고 싶은데 뭐부터 해야 할지…. 내가 몰입하고 집중할 무언가가 필요했는데 그때 주식 책이 눈에 들어왔다. 어렵고 재미없어서 펼쳐만 보고 말았던 주식 책, 멋있어 보이지만 이름도 부르기 힘든 대가들의 500페이지가 넘는 벽돌 같은 주식 책, 차트와 숫자가 가득해서 정말 한 장도 넘기기 싫은 주식 책들이 보였다. 이런 주식서를 한번 읽어 보고 싶었다. 모두 이해할 수는 없어도 얼마가 걸리더라도 완독해 보고 싶었다.

백종원 레시피로 음식 해보셨나요?

대한민국 주부들의 저녁 고민을 해결해 주고 파기름이라는 향 좋은 기름을 가정마다 보급해준 그의 레시피 장점은 요리를 잘 못하는 사람도 쉽게 할 수 있는 계량과 "없으면 안 넣으셔도 돼요"였다. 집에 노두유가 없어도 굴 소스가 없어도 괜찮았다. 없으면 간장을 넣으라고 하는 그의 말은 요리를 쉽게 하라는 뜻이었다. 내게 필요한 건 백종원 레시피였다. 특급 호텔 주방장의 레시피는 필요도 없지만 이해도 못 했다.

읽기 어려웠던 책들은 내공이 쌓이면 꼭 읽으리라 마음 먹고 옆으로 밀어뒀다. 일단 한국에서 성공한 사람들을 찾자. 쉬운 책으로 시작하자. 제목부터 마음에 드는 책들을 골랐다. 내가 모르는 주식 대가들이 이렇게 많았구나, 주식해서 이렇게 벌 수 있구나, 이 정도 공부해야 부자가 되는 거구나, 마인드가 달랐다. 나도 해보고 싶다는 마음이 생겼다.

책을 읽는 동안은 주식학원에 막 수강 신청한 새내기 학생이 된 듯 선배들의 공부 방식을 훔쳐보고 선생님들의 말을 하나라도 놓칠세라, 열심히 공부했다. 백종원을 좋아하는 나답게 "없으면 안 넣어도 돼요"는 "모르면 넘어가도 돼요"로 이해하고, 어려운 차트와 표들은 넘어가며 읽었다.

내 방식이 정답이 아닐 수도 있다. 모르는 게 나오면 끝까지 파헤치고 공부해서 궁금증이 없어질 때까지 집중해야 한다고 할 수도 있다. 나는 내가 자신 없는 부분에서는 언제나 대충대충 설렁설렁이지만 이게 나쁘다고는 생각하지 않는다. 어려운 부분은 경험이 조금 쌓이고 나서 봐도 늦지 않는다. 시작하는 단계라면 지금은 내가 갈 길을 찾고 닦아나가는 것이 더 중요하기 때문이다. 울퉁불퉁한 길에 앞으로도 더 크고 더 많은 돌들이 보일 텐데 길 초입부터 주저앉아 그 돌을 빼고 치우느라 애쓰지 않았으면 좋겠다.

큰 돌을 피해서 걷다 보면 다시 비슷한 돌이 보이고 그동안 걸어온 경험 덕분에 그 돌이 그리 크고 어렵게 보이지 않기 때문이다. 이제 겨우 2년 남짓 공부한 주제에 그런 말이 나오느냐고 할지는 모르지만 나는 내 공부가, 주식 투자 길 닦기가 20년을 더 해야 하는 것임을 알기에 피해 가고, 넘어가고 있는 중이다. 몰랐던 용어들이 조금씩 이해되고 내가 하던 건 투자가 아니라 투기라는 걸 알게 되었다. '1년, 2년 해서 되는 게 아니었구나. 이걸로 부자 되는 게 아니었구나. 이런 거구나.' 코끼리 그림에서 다리 하나를 본 것 같았다.

산후 우울증이나 육아 우울증이라고 한다. 내가 엄마가 되었다는 그 멋진 일이 우울하게 느껴졌다. 처음 하는 육아에 능숙하지 못하고 아이는 계속 울고 집은 늘 엉망이었다. 남편은 퇴근 후 지친 몸으로 더 지친 나의 넋두리를 받아내느라 서로에게 상처를 내고 싸우던 그때였다. 나는 그때 책으로 그 시기를 지나고 있었다. 누군가에게는 며칠이면 끝나고, 누군가에게는 몇 년 동안 이어지는 그 시기에 있다면, 용기를 내 보자. 병원이나 상담센터를 찾아가서 아프다고 이야기라도 하고 도와달라고 손을 내밀어 보자. 그것도 힘들다면 내가 괜찮은 사람이라는 걸 느낄 수 있는 그 무엇을 찾아야 한다.

나에게는 그것이 책이었다. 어떤 이에게는 걷기라고 했다. 누군가는 명상이라고 한다. 혼자 나가서 커피 마시기라는 사람도 있다고 한다. 돈도 주식도 행복하게 잘 살자고 하는 것이다. 주식을 잘해서 돈을 벌고 싶은 이유는 지금보다 행복하고 싶어서가 아닐까? 그렇다면 내 마음부터 돌보고 우울부터 챙기자. 어두워지려고 하면 같이 뛰어 줄 누군가를 붙잡아서 박자 맞춰 걸어보자. 당신이 지금 있는 그곳은 나쁜 곳이 아니라 누구라도 지나치는 시기라는 걸 명심하고 출구를 찾자. 멀게만 보이던 출구는 의외로 가까운 곳에 있을 수도 있다.

시간이 조금 걸려도, 걸림돌이 있더라도 마음먹고 나와보자. 출구를 찾고 있다고 도와달라고 하면 생각보다 많은 사람들이 도움을 준다. 보이지 않던 길이 나타나기 시작한다. 도움을 받기 위해서는, 새로운 길을 찾기 위해서는 제일 먼저 내가 일어나야 한다. 하늘만 스스로 돕는 자를 돕는 것이 아니다. 사람도 스스로 돕는 사람을 돕는다. 그러니 하늘에게도 사람에게도 도움을 받기 위해서 스스로를 도와주자. 누워있다면 앉고 앉아있다면 일어서자. 서 있다면 걷고 걷고 있다면 달려보자. 내가 나를 도와야 하늘도 사람도 나를 돕는다는 걸 잊지 말자.

코로나로 시작한 주식 공부

주식장은 폭락하고 있었다. 주식 책을 조금씩 읽기 시작하면서 내 투자가 잘못되었다는 걸 알았기에 웬만한 주식들은 다 정리했고, 남아있는 건 유상증자 후 반토막이 난 주식이었다. 3만 원 하던 주식이 8천 원인 상황이었다. 이러다가 상장폐지라도 될까 싶었지만 주식 책을 보니 영원한 하락장도 영원한 상승장도 없다고 했다. 그럼 지금은 그 중간쯤일까? 그냥 끝도 없이 지수는 하락하고 삼성전자가 3만 원대로 떨어졌다. 코로나는 그렇게 주식장을 덮쳤다. 달러는 1,200원을 넘었고 곧 주식시장이 망할 것 같다는 생각마저 들었다.

'지금 사야 할까? 더 떨어지지 않을까? 뭘 사야 할까? 주식은 이제 영영 회복 불가능하지 않을까?' 매일 살지 말지 고민했고, 언제 사야 할지 고민했지만, 쉽게 매수 버튼이 눌러지지 않았다.

언제 주식을 못 산 게 제일 아쉽냐고 물어보면 사람들은 진짜 그때 주웠어야 한다고 말한다. 1997년 IMF와 2008년 금융 위기 때라고. 2020년 코로나 장이 그때와 같다는 걸 알면서도 쉽게 사지 못한 것은 더 떨어지지 않을까 하는 두려움 때문이었다. 다행스럽게도 그때 계좌에는 꾸준하게 마이너스를 찍던 한 종목뿐이었지만 (이 종목은 어차피 포기했기에, 아시다시피 아이들에게 물려주기 위해 장기투자 중이었으니까) 다행이라고 생각하면서도 엉덩이가 들썩거렸다. 지금 장이 책에서 말하는 바겐세일 기간일 텐데, 폭락 장에서 사라고 하는데 정말 너무 겁이 났다. 아무도 지금이 살 때라고 하지 않고 당분간 시장은 안 좋을 거라고만 한다. 방송에서는 주식장이 더 폭락할 거라고 했다. 회복하는 데 몇 년이 걸릴지도 모른다고 했다.

그러나 주식 책을 읽다 보니 지금이 살 때라는 느낌은 확실했다. 그렇다고 몰빵을 하기에도, 뭘 사야 할지도 망설여졌다. 화학주가 좋을까, 재무도 좀 볼까, 잘 모르지만 그래도 좀 더 열심히 찾아보고 SK케미칼을 매수했다. 7만 원대에 100주 정도 매수하면서도 얼마나 떨렸던지, 사고 나서 후회는 얼마나 했던지. 그냥 애나 키울 것이지 이러다가 더 떨어지면 어떡하나, 코로나가 이렇게 난리인데 진단키트 만든다는 회사의 주식이나 살 걸, 싶었다. 이 돈마저 손해 볼까 두려웠다. 화학회사 다니는 남편이랑 의논하고 샀지만, 확신이 없었다. 불안하고 두려웠다.

코로나가 정점에 이르고 내수 증진을 위해 정부는 돈을 풀었다. 주가는 날아오르기 시작했다.

당분간 주식장은 어두울 거라던 전문가들 다 어디 갔나요?

이러다 또 떨어질지도 모른다는 전문가들 확실한가요?

시장은 꾸준히 올랐고 확신 없이 샀던 SK케미칼은 3개월도 되지 않아서 12만 원이 넘어 있었다. 매일 주식 창을 보며 언제 팔아야 할지 고민했다. 지금이라도 팔면 80% 이상 수익이었지만 조금 더 놔둬도 될 것 같았다. 그러다가 경협주처럼 몇십만 원의 수익만 남기면 어쩌나 고민스러웠다. 코로나 장이 언제까지 좋을지도 모르니 주가가 오르고 있는데도 살얼음판을 걷는 것처럼 언제 떨어질지 심장을 부여잡고 걷는 기분이었다. 이 정도면 그동안 주식으로 손실 났던 금액은 메꿀 수 있었다. 이러다 또 오르면 어떡하지, 매일 갈팡질팡했다. 지금이라도 기분 좋게 팔고 수익을 즐겨야 했다. 오랜만에 100%가 조금 안 되는 수익률을 3개월도 안 돼서 맛보고 매도했다.

조금 더 공부하고 그 주식을 샀다면 어땠을까? 팔고 나서 제일 복기 많이 하고 다음에는 이러지 말아야지 생각했던 주식이 SK케미칼이었다. 급한 돈으로 들어간 것도 아니고 시간 제약이 있었던 것도 아닌데 눈앞의 가벼운 이익에 눈이 멀어 팔아버리고 나서 1년 정도 뒤에 최고가 46만 원을 찍는 걸 보며 생각했다. 그대로 뒀더라면, 지금 알고 있는 걸 그때도 알았더라면, 700만 원이 아니라 7,000만 원도 벌 수 있었다. 그렇게 내 그릇에 담을 돈은 700만 원이었다.

성공학, 부자학과 관련한 책들을 읽다 보면 늘 비슷한 말이 나온다. 그릇에 대한 이야기가 그것이다. 처음에는 그 얘기들이 와닿지도 않았다. 타고나길 작은 그릇을 어쩌란 말인가, 새가슴이라 마음 졸이며 불안해서 작은 그릇도 겨우 들고 있는데 어떻게 그릇을 키우라는 말인가. 그러다가 그릇만 커지고 허영만 잔뜩 들면 어쩌란 말인가. 자기 그릇은 자기만 키울 수 있다. 부자가 되고 싶고 돈을 벌고 싶다면서 지금 그릇에서 벗어나지 않으려고 한다면, 살 빼고 싶다고 말하면서 아무것두 하지 않는 사람과 뭐가 다를까?

공부하고 노력하면 그릇은 커질 수 있다. 웬만한 바람에도 흔들리지 않게 튼튼해질 수 있다. 타고나길 작은 그릇이라도 본인 노력으로 얼마든지 커질 수 있다. 그때 나는 그릇이 작았고, 지금도 키워가는 중이다. 종목에 대한 확신이 있었다면 불안해하지 않고 1년을 보유했을 텐데 그러지 못했다. 내게 필요한 것은 오를 종목이라는 확신보다 보유해도 좋다는 확신이었다. 더 열심히, 더 깊이 주식 책을 파야 했다. 내가 산 주식들을 자신감을 가지고 보유할 배짱이 필요했다.

 살 때도 분할 매수, 팔 때도 분할 매도

100주를 한꺼번에 안 사고 10주, 30주, 60주로 나눠 샀어야 했다. 그랬다면 사 놓고 불안해하지 않고 상승을 지켜볼 수 있었을 것이다.

100주를 한꺼번에 안 팔고 10주, 30주, 60주로 나눠 팔아야 했다. 그랬다면 꾸준히 오르는 상승을 다 누르고 더 많은 수익을 볼 수 있었을 것이다.

나처럼 실수하지 말고 꼭!!! 하자. 분할 매수! 분할 매도!

코스피 지수 추이

12월 24일 **2,806.86**
47.04p(1.70%) 🔼

종가 기준

2700
2500
2300
2100
1900
1700
1500

3월 19일
1,457.64

1월 2 3 4 5 6 7 8 9 10 11 12월

자료/ 한국거래소, 연합인포맥스

2020년 하락하는 주식장을 보며 두려움에 떨었다.

그 하락은 영원할 것 같았다.

바닥을 치던 주가는 3월 이후 빠르게 회복했다.

2월 말에 사서 5월에 팔았던 SK케미칼을 12월에 보며 다짐했다. 분! 할!
매! 도!

03

종이신문 읽는 새댁

우리 아파트를 청소해 주시는 이모님은 매일 종이신문을 유모차 위에 올려주시며 말씀하신다.

"요새도 신문 보는 사람이 있네."

"한 집도 없어요?"

물어보니 위에 할아버지 혼자 사시는 집하고 새댁 집밖에 없다고 하신다.

'네. 저는 종이신문 봅니다.'

경제신문은 종이신문으로 봐야 한다는 건 여러 책에서 주식 고수들에게 듣는 말이었다. 그러나 한 달에 2만 원을 내고 본 후에는 종이 쓰레기로 모아서 버려야 하는 불편을 감수하며, 핸드폰만 열면 모든 경제신문을 볼 수 있는 요즘에 누가 종이신문을 보나 싶었다. 핑계를 대며 안 보고 있다가 신문 배달원의 권유에 못 이기는 척 구독했지만, 한 달도 지나지 않아서 나는 깨달았다. 이건 꼭 봐야 되는 거였다. 여기서 내가 종목을 찾았어야 했다. 리딩방보다 싸고, 유료 추천주보다 나은 게 종이신문이었다.

종이신문을 보면서 주식 시세나 추천 종목을 찾았던 처음과 달리 지금은 아주 조그맣게 난 기사들을 유심히 보게 되었다. 어느 회사가 새로운 로봇을 만든다더라, 어느 회사가 친환경 사업을 시작한다고 하더라, 어느 회사가 수소에너지에 투자한다더라 하는 식의 작은 기사가 보였다. 하지만 그런 기사가 난다고 해서 그 회사의 주가가 바로 올라가지도 않고 나 역시 바로 주식을 사지 않았다.

관심 종목에 넣어 두고 재무제표를 공부했다. 주가의 움직임을 지켜보았고 월급날은 그런 주식들을 1주 또는 10주씩 사 모았다. 몇십만 원 넘는 주식은 1주 샀고, 몇만 원 하는 주식은 10주를 사서 지켜보았다. 지켜보는 동안 뉴스도 보고 회사의 재무도 여러 번 다시 보았다. 그러다 보니 주가가 떨어져도 불안하지 않겠다 싶은 회사들이 보였다. 누가 들어도 뭘 하는지 아는 회사의 주식을 샀고, 이름만 들어도 아는 회사들의 주식만 샀다. 이왕이면 배당금을 주는 회사를 골랐고, 덕분에 주가 상승 수익이 안 나도 배당금은 꼬박꼬박 챙겼다.

코로나 이후 시장은 말 그대로 활황이었고, 주식으로 돈 못 벌면 바보라고들 했지만, 제일 중요한 건 내 페이스였다. 숫자에 약하고, 차트는 볼 줄도 모르며, 토론방, 리딩방은 이제 거들떠보지도 않으니 책이랑 신문만 팔 수밖에 없었다. 아무리 봐도 뭘 사야 할지 모르겠는데 몇 배씩 오르고 상한가로 가는 주식들을 보며 소외감을 느꼈고, 나만 못났구나 싶었다. 그러나 또 실수할 수는 없었다. 지금 아니면 다음에 사면 된다는 마음으로 매수를 참고 참으며 공부했다.

신문 기사를 하나하나 꼼꼼하게 읽는 건 내 스타일도 아니었고, 그럴 시간도 없었다. 기어다니는 둘째를 쫓아다니느라, 코로나로 학교도 못 가본 첫애랑 같이 있느라, 시간이 없었다. 큰 제목만 읽었고 중요하다 싶은 기사를 찾았다. 스크랩해서 붙여놓고 읽기도 하며 좋은 기사들은 단톡방에 공유하기도 했다. 주식이 이렇게나 오르니 시작해야 하는 거 아니냐고 말하는 언니, 지금이라도 사야 하지 않겠냐는 친구, 남편한데만 맡겨놨는데 이런 장에서도 지기기 산 것만 떨어지는데 어떡해야 하냐는 동생도 있었다. 나라고 뾰족한 수가 있는 게 아닌데, 주변에서 물어보기 시작했다.

2020년 주식 책을 한창 공부하고 있을 때 큰애는 1학년이지만 학교도 한 번 못 가보고 집에 있었다. 둘째는 6월이면 첫돌이 되는 손 많이 가는 시기였다. 코로나로 집콕은 일상이었고 돌밥(돌아서면 밥)하는 아주머니들은 여기저기서 힘들다고 아우성쳤다. 나도 그 힘든 아주머니 중 한 명이었다. 나는 안 힘들었을까? 나도 책 보고 공부하는 게 쉽지 않았다. 주식 공부만 한 게 아니라 학점은행으로 사회복지학 학사과정도 공부하고 있었는데, 그때 내가 정말 시간이 많았을까?

시간이 없다고 말하는 당신은 나보다 더 바쁘고 열악한 상황이라고 믿고 싶다. 정말 열심히 공부했고 나만 보기 아까운 책이나 정보를 공유하고 나면 돌아오는 질문은 그래서 뭐 사야 하냐, 언제 파느냐였다. 신문이라도 보라고 하면 시큰둥했다. 알려달라는 종목은 안 알려주고 신문 타령하고 있다거나, 저렇게 잘난 체하며 혼자만 수익 낼 건가, 하는 그 눈빛들이 나의 의지를 지치게 했다.

내가 알려줘도 제때 사지 않을 사람들.

주가가 떨어지면 혼비백산하며 내게 책임을 묻고 싶어

할 사람들.

　같이 공부하자고 하면 네가 해서 종목만 알려달라고 하는 사람들에게 내 공부는 정말 아무것도 아닐지 모르겠다. 그 정도 공부했다고 전문가도 아니면서 잘난 척한다고 흉볼지도 모르겠다.

　한창 주식 책을 파고 공부를 열심히 하고 있을 때였다. 코로나로 아이들 때문에 밖으로 나가지도 못하니 오랜만에 집으로 놀러 온 친구가 공부를 어떻게 하느냐고 물었다. 주식 투자법을 알려달라고 했다. 그동안 필사하고 공부했던 노트를 보여주며 설명했다. 꼭 읽어야 할 책과 순서를 알려주며 매수할 때와 매도할 때의 마음가짐도 말해줬다. 한참을 듣던 친구가 나를 빤히 본다.

　"하나도 모르겠어. 그런데 이건 알겠다. 네가 이렇게 공부하는데 그 정성으로라도 하느님이 네가 산 건 오르게 해주시겠다. 네가 사라는 건 믿고 사고 싶다. 진짜 멋지다."

　친구의 이 말이 얼마나 힘이 되었는지 모른다. 그날 친구에게 들었던 그 말은 두고두고 가슴에 남아서 더 공부하라고 더 할 수 있다고 나를 다그쳤다. 그렇게 열심히 읽고 쓰고, 모르면 다시 읽으며 공부했다. 그래서 1년 10% 수익률을 얻을 수 있었고, 유지하고 싶다면 내 욕심이 너무 소박할까? 그래서 나보다 덜 공부해도 1년 10% 이상 이익을 얻을 수 있을까?

 종이신문에서 종목 찾기

큰 제목의 기사들이나 유명한 회사의 주가에 대한 기사보다 아주 조그맣게 난 기사들을 살펴보자. 2021년 2월 효성티앤씨의 (아주 작은, 굳이 찾아 읽어야 하는) 기사를 읽으며 친환경 섬유라니, 참 좋은 회사라고 생각했다. 그래도 10만 원 후반의 주가가 너무 비싸다고 생각해서 조금 지켜보다가 매수하지 않았다.

회사는 7월에 963,000원 최고가를 찍었다. 회사 관련 기사가 조금씩 많아졌던 이유가 있었다. 처음 작은 기사를 봤을 때 10주라도 매수하고 기다리지 못한 게 한스럽다. 남들이 다 보는 큰 기사 말고, 작은 기사에 주목하자. 숨어있는 보석을 찾을 수 있다. 찾았다면 공부하고 매수하자.

배당주, 배당주, 신나는 주식, 나도 한번 불러본다

인생은 한 방이라고, 주식은 크게 먹고 빠지는 거라고 한다, 돈 넣고 돈 먹는 게 주식이라고 한다. 어디서 많이 들어본 말이다. 인천에 배 들어오면 그때는 부자가 될 거라 믿는 사람들이 옛날에만 있는 게 아니라 지금도 있다. 인천의 배를 아직도 기다리는 그 사람들처럼 한 방을 노리며 빚까지 내가며 주식하는 하는 사람들은 한 집 건너 옆집에도 있다. 주식장의 호구가 되어 주는 사람들 덕분에 나는 수익이 났다.

좀 더 안정적으로, 언제 팔아도 불안해하지 않을 주식이 필요했다. 책마다 배당주, 배당하는데 4%, 5% 수익률 보자고 주식하는 게 아닌데 이걸 해야 하나 싶었다. 그런데 생각해 보면 적금이율보다 높은 수익이고, 배당금만 받는 게 아니라 주가까지 올라준다면 10% 정도의 수익률도 가능할 것 같았다. 은행에 돈을 넣지 말고 은행주를 사라던 말이 생각났다. 이렇게 주식장이 좋으면 제일 이익이 나는 곳은 사고팔 때 수수료를 받는 증권사도 있었다. 어설프게 공부한 재무제표를 훑어보니 너무 훌륭하다. 이렇게 탄탄하고 이렇게 건강한 재무제표가 있구나 싶었다. 배당금을 5년 동안 꾸준히 줬는지도 체크했다. 은행주와 증권주를 조금씩 모으기 시작했다.

고배당주의 인기는 겨울 찬 바람이 불면 시작된다. 12월 배당기준일 전까지 꾸준히 오르던 주식들은 1월이 되면 떨어지지만 다시 꾸준하게 오르기도 한다. 배당주를 사기 시작한 때는 코로나 장으로 불붙은 주식들이 따로 있었다. 4차 산업 관련 주나 진단 키트, 코로나 치료제 관련 주는 천장을 뚫을 기세로 오르고 있었지만, 배당주들은 크게 인기가 없었다. 긴가민가했지만, 내게 필요한 건 적금처럼 안전하고 언제 팔지 마음 졸이지 않아도 되는 주식이었다. 그렇다고 여기에 올인할 수도 없어서 월급날 꾸준히 적금처럼 사서 모으지고 생각했다. 그렇게 1년이 지났고, 배당금을 받아보며,

주식장이 하락장일 때 배당주를 보며 생각했다.

- 외모는 딱히 매력 없지만 됨됨이가 좋아 자꾸 보고 싶은 사람
- 인테리어는 별로지만 음식을 먹어보면 또 가게 되는 식당
- 가성비 좋고 고장도 잘 안 나는데 기름까지 덜 드는 국산 차

내게는 배당주가 딱 그랬다.

이 좋은 배당주를 왜 모르고 살았는지 모르겠다. 주가가 저렴할 때 사두면 주가 상승의 이익도 있고, 1년에 한 번 배당금도 주는 이런 좋은 주식을 왜 재미없다고 하며 외면했는지 모르겠다. 계좌에서 다른 주식들이 요동칠 때 배당주들은 정말 꾸준하게 올라주었다. 배당금이 들어오니 적금 이자보다 높아서 기분까지 좋았다. 이게 이렇게 오르다 떨어질까 싶어 언제 팔아야 할지 고민하며 들여다볼 필요도 없었다.

주식은 겁나서 못하겠다고 하는 사람을 만나면 나도 이제 배당주를 사라고 한다. 옛날 친구가 나에게 말했던 것처럼 적금보다 낫다고, 적금처럼 사서 모으라고 한다. 그러다가 주가가 떨어지면 어떡하냐고 한다. 주가는 원래 떨어지

고 오르는 것인데 내가 산 금액보다 떨어지면 손절하라고. 그래도 배당 기준일까지만 보유한다면 배당금은 받으니 적금보다 낫지 않느냐고. 떨어질까, 오를까 불안해하지 않아도 되는 배당주를 차곡차곡 모으라고 권하고 있다. 꽃 피는 봄이 오면 배당금이라는 꽃이 활짝 필 거라고, 아무리 칭찬해도 넘치지 않는 배당주라고.

그러니 이런 노래도 나왔을 것이다. 배당주, 배당주, 신나는 주식, 나도 한 번 불러본다. '쿵쿵따리 쿵쿵따.'

05

문방구 부자 할머니

그 옛날 우리 동네에 살았던 부자 할머니는 동네 제일 좋은 위치에 위로는 학원이랑 병원이 있는 건물 1층에서 슈퍼를 운영했다. 맞은편 상가 건물도 할머니 거라고 했다. 할머니가 부자라는 걸 모르는 동네 사람은 없었다. 할머니는 새벽부터 슈퍼에 앉아서 물건을 팔지만 손님들에게 무서운 사람으로 더 유명했다. 아이들이 슈퍼에 가면 뭐라도 하나 훔쳐 먹나 싶어 눈에 불을 켜고 잡도리하는 할머니의 웃는 얼굴을 본 적이 없다. 겨울에는 어묵도 팔았지만 뜨근한 국물을 한 번이라도 더 퍼서 마시면 눈치 주는 할머니가 무서워서 집에서 멀어도 얼마든지 국물 먹으리면 학교 앞 문방구 할머니네로 가서 어묵을 사 먹었다. 떡볶이를 달라고 하면 일부러 한 개를 반으로 나눠서 덤으로 주시던 문방구 할머니는 어묵 국물만 먹지 말고, 무도 먹으라며, 건져주셨다.

문방구 할머니의 재산 정도는 정확히 모르지만 1층 문방구에 딸린 작은 방에 사셨고, 3층으로 된 건물에 세입자들이 살고 있었다. 문방구 2층에 살던 내 친구는 할머니가 떡도 주셨고, 나물 반찬도 주셨다고 한다. 게다가 학교 가기 전에 문방구에 와서 뜨거운 물에 데워진 두유도 먹고 가라고 하신다고 했다. 슈퍼는 설날도 추석날도 새벽부터 열었고, 아주 늦게까지 열었다. 할머니는 언제나 같은 자리에서 주름을 그리며 무섭게 앉아 있었다. 문방구는 학교가 쉬는 날이나 방학 때는 한 달씩도 문을 닫았고 할머니는 멀리서 사는 딸 집에 가셨다.

진짜 부자는 누구였을까?

재산이 많다고 부자일까?

비싼 집에 살고 큰 건물이 있다고 행복할까?

내가 어떤 부자가 되고 싶은지부터 정해야 했다. 악착같이 모아서 죽을 때까지 일하며 쉬는 날도 없이 사는 인생인지, 내 기준에 만족하며 나눌 줄 알고 쉬고 싶을 때는 쉴 수 있는 인생인지 결정해야 했다. 슈퍼 할머니냐, 문방구 할머니냐였다. 언젠가 되어야 할 할머니라면 이왕이면 문방구 할머니가 되고 싶었다. 슈퍼 할머니는 문방구 할머니보다 숫자상의 부자였다. 어떤 인생이 더 나은지, 그들은 인생을 얼마나 만족하고 살았는지는 모르겠다. 아직도 내가 되고 싶은 건 큰 상가건물을 두 개나 가지고 현금이 얼마나 많은지 모른다는 슈퍼 할머니가 아니라 떡볶이 4개 먹고 나서 2개 먹었다고 말하면 2개 값만 받으시던 문방구 할머니다.

부자가 되고 싶지 않다고 하는 사람도 있다. 그들은 먹고 살 정도면 된다고 한다. 부자가 되면 세금 문제도 피곤해지고 가족들 간에 우애도 나빠지더라며, 자기는 그런 부자가 되느니 평범하게 살겠다고 한다. 노력하지 않겠다는 말을 잘 포장한 핑계일 뿐이다. 아직 부자가 되지 않았지만, 안 될지도 모르겠지만 나는 좋은 부자가 되고 싶다. 주머니 가득 돈을 채워서 혼자만 잘사는 부자가 아니라 들어오는 돈에서 얼마만큼은 좋은 곳으로 보내서 더 좋은 돈을 데리고 오라고 하고 싶다. 노력하고 공부해서 부자가 되는 길이 있다면 꾸준하게 해 보고 싶다.

내가 생각하는 부자의 기준에 도달한다면 할 수 있는 좋은 일들은 더 많아질 것이다. 큰 평수의 집에 살면서 외제차를 몰고 다니고, 한정판으로 나온 백을 들고 다니는 부자 말고, 제대로 쓸 줄 알고 잘 나눌 줄 아는 진짜 부자가 되고 싶다는 꿈이 생겼다. 로또나 걸리면 좋겠다, 이 주식으로 대박 나면 좋겠다는 그런 허황된 꿈이 아니었다. 이렇게 차근차근 공부해서 10% 정도의 수익을 1년에 올린다면 20년이나 30년쯤 뒤에는, 운이 좋다면 10년 뒤에는 복리에 복리를 붙인 돈이 지금보다는 훨씬 많아질 것이다. 그때 나는 슈퍼 할머니 말고, 문방구 할머니처럼 살고 싶다는 확실한 인생 모델을 결정했다.

부자가 되면 기부도 많이 하고 이것저것 하고 싶다고 하니 누워서 듣는 둥 마는 둥 하는 남편이 큰 소리로 비웃기 시작했다.

"그런 말을 하기 전에 부자부터 되는 게 어때? 아무리 주식으로 이익을 얻는다고 해도 지금은 내가 벌어오는 노동소득이 더 크잖아."

'그래 맞다. 당신 말이 맞지만 그렇다고 꿈도 못 꿀 일은 아니지 않는가. 내가 문방구 할머니가 되고, 옆에서 깜빡깜빡 졸면서 여유로운 노후를 누리고 싶다면 그 입 다물라'라고 하고 싶지만 비웃고 있는 그의 말이 틀린 건 아니다. 부자가 되고 싶다면 지금의 노동소득을 우습게 보지 말아야 한다. 한탕을 노리고 주식이나 코인을 해서는 안 된다. 몇백

프로의 수익, 한 달만 지나도 몇 배나 오른다는 말은 우리가 알다시피 뉴스에 등장하는 사기꾼들이라는 것을 기억하자.

다 늙어서 부자가 되느니 한 살이라도 젊었을 때 부자가 되고 싶다고 생각했다. 그래서 주식을 시작했고, 주식으로 몇 배를 벌겠다는 욕심을 부렸다. 다 늙어서도 부자가 되기 힘들다는 현실을 깨닫게 되었을 때 주식으로 1년에 10%의 수익률은 그래도 남들보다 부자가 될 가능성이 높은 숫자임을 알게 되었다. 운이 좋다면 그 전에 더 높은 수익률을 얻을 것이고, 더 운이 좋다면 늙기 전에 부자가 될 수도 있을 것이다.

나누고 사는 좋은 부자가 되고 싶다는 꿈이 생겼다면 현재의 노동소득을 감사하게 생각하며 주식 투자를 안정적으로 하는 제대로 된 방법을 택해야 한다. 내가 가고 싶은 부자의 길은 이렇다. 느리고 답답해 보일지도 모르지만 가는 동안 불안하지도, 잠을 못 잘 일도 없다. 공부하고 투자하고 기다리고 수익 내는, 간단하지만 꾸준한 길을 당신도 꼭 같이 걸었으면 좋겠다.

기부부터 부자 흉내

나는 좋아지고 있었다. 주식 계좌만이 아니라 인생이 조금씩 좋아지고 있는 것 같았다. 어제보다 좋아지고 있었고, 작년보다는 훨씬 나아졌고, 10년 전에 비하면 사람이 되어 있었다. 책 때문도 있었지만 결혼을 했고 아이를 낳아서 엄마가 되었기 때문이었다. 어른들은 아이를 낳아야 진짜 어른이 된다고 하셨다. 백번 천번 맞는 말이었다. 앞으로 살아갈 세상에서 내 아이 혼자서만 살 게 아니니, 좀 더 나은 세상에서 살기를 바라게 된다. 그런 부모 마음은 결국 다른 아이들과 다른 가족들도 무탈하게 해달라는 세계평화의 기도까지 닿게 된다.

주식 계좌에는 아직 괜찮은 수익이 나고 있지만 주식은 팔기 전까지 수익이라고 해서는 안 되는 거였다. 그러니 지금 수익이 100만 원 났다고 할 게 아니라 매도 후 수익이 100만 원 났다고 해야 하는 게 맞다. 그런데도 수익률이 좋으니 기분까지 좋아졌다. 뭐라도 사고 싶고 자랑도 하고 싶어졌다. 주식을 매도하면 수익금에서 반드시 일정 정도는 기부하겠다고 마음먹었고 SNS에도 그렇게 글을 올렸다. 약속은 반드시 지킬 테지만 매도를 안 하니 그럴 일도 없을 것 같다.

때마침 은행 알림이 울렸다. 30만 원 조금 넘게 입금이 되었다. 연말정산 환급금이다. 빠르게 머리를 굴린다. 신발을 하나 살까, 책을 마음껏 주문해 볼까, 딸이 좋아하는 대게를 먹으러 갈까? 내가 쓴 돈 돌려받은 환급금인데 로또라도 걸린 듯, 불로소득이라도 된 듯, 그저 쓸 생각만 하고 있다. 이제 주식 투자로 수익이 나고 있고, 뭔가 의미 있는 일에 이 돈을 써야겠다는 생각이 들었다. 우연히 SNS를 보다가 노숙자들을 위해 밥을 짓는 신부님 이야기를 접하게 되었다. '여기다. 여기라면 좋겠다.' 이탈리아에서 오신 신부님이 한국의 노숙자들을 위해서, 가난하고 낮은 곳의 사람들을 위해서 밥을 짓고 계신다니, 여기리면 좋을 것 같다. 30만 원은 큰돈은 아니지만 나 같은 주부에게 결코 작은 돈도 아니었다. 기분 좋게 입금했다. 부자 주머니의 시작이었다.

오른손이 한 일을 왼손이 모르게 하라는 건 요즘 같은 시대에 어울리지 않는다. 그런 좋은 일은 여기저기 알리는 거라고 생각했다. 자랑하는 내 기분도 좋지만 보는 사람도 기분 좋아지는 일이다. 좋은 일을 했다면 무조건 자랑하고 알려야지, 오른손이 한 일은 모르는 사람이 없게 했다. SNS 피드에 올렸다. 나는 이제부터 이렇게 살기로 했다고. 주식으로 수익이 나거나 여유자금이 생긴다면 나보다 쓸 곳이 많은 곳에 조금은 덜겠다고. 다들 멋지다고, 대단하다고 칭찬했다. 내심 신발 안 사길, 책 안 사길, 대게 안 먹기를 잘했구나 싶었다. 며칠이면 없어질 좋은 기분에 소비하지 않고 기부했다는 게 자랑스럽기까지 하다. 그 인연으로 몇 달 후에도 혼자서 챌린지하던 영어책 한 권 필사를 끝내고 내게 주는 선물로 10만 원을 기부했다. 지금 쓰고 있는 책으로 얻은 수익금 역시 기부할 생각이다.

어떤 사람은 겨우 몇십만 원 기부했다고 자랑하냐고 할지도 모르겠다. 어떤 사람은 지금 당장 먹고 죽을 그 몇십만 원도 없다고 할지도 모르겠다. 돈은 그런 것이다. 사람의 그

룻에 따라 커지기도 하고 작아지기도 한다. 나누고 베풀면 다시 돌아오는 부메랑 같다. 좋은 일에 쓰면 더 좋은 일을 불러온다. 그저 돈, 돈 하는 게 아니라 어떻게 써야 할지, 어디에 써야 할지 조금씩 알게 되었다.

매달 보험처럼 하는 기부금 말고도 이렇듯 좋은 일이 생길 때마다 기부하다 보니 좋은 일은 더 많이, 더 자주 생겼다. 일일이 말하기 뭐하지만 여러 곳에서 여윳돈이 생기기도 했다.

남을 위해 돈을 쓰면 더 많이 채워졌다. 좋은 곳에 쓴 돈은 더 좋은 돈을 불러 왔다. 생각지도 못한 현금이 겨울옷에서 나오고, 아이 돌잔치에 못 갔다며 축하금을 보내주는 지인도 있었다. 백화점 상품권을 사주며 책만 사지 말고 옷도 사 입으라는 친구도 있었다. 큰돈은 아니지만 귀하고 좋은 돈이 자꾸 생겼다.

주식 투자로 부자가 되거나 돈을 많이 번 다음 기부해야지, 라고 한다면 당신은 주식으로 부자가 안 될 것이고, 돈도 많이 못 벌 것이다. 돈이 많이 생겨도 어떤 핑계를 대서라도 기부하지 않을 것이다. 마음이 착해서, 살기가 편해서, 그저 선한 마음으로 기부하는 사람들도 있다. 나는 나 잘 되려고, 우리 가족 무사안녕을 위해 기부한다. 이기적인 마음으로 기부하지만 누가 내 동기를 나쁘다고 할까?

내가 읽은 100권이 넘는 주식 책들은 내게 주식만 알려 준 게 아니었다. 존 템플턴을 존경하는 이유는 그가 매년 14.5%라는 수익률을 얻은 영혼의 가치투자자이기도 하지만 전 재산을 사회에 환원했기 때문이다. 책을 읽으며 그들의 투자 방식을 따라 하고 배우는 중이지만 삶의 태도, 사람에 대한 뜨끈한 마음을 더 배우고 싶었다. 더 많이, 더 자주 꾸준하게 좋은 일을 하고 싶다는 마음이 생겼다. 이 기분 좋은 소비를 꼭 권해주고 싶었다. 행복은 전염된다고 하지 않던가. 행복이 주위에 전염되기를 진심으로 바라본다.

07

기록하고 남겨 두자

기계치라고 한다. 같이 사는 남편은 어떻게 손만 대면 그렇게 망가뜨리냐며, 웬만하면 기계에는 손대지 말라고 한다. 잘못 다루면 고장도 잘 나니 나로서도 미칠 노릇이었다. 컴퓨터도 그랬고 안마의자도 그랬다. 남편이 잘 쓰고 있는 건데 내가 한번 쓰면, 정말 딱 한 번 쓰면 고장이 났다. 주식을 처음 살 때도 어디서 들은 건 있어서 기록했다. 종이에 써서 언제 샀고, 얼마나 샀고, 언제 팔았는지, 왜 샀는지 기록하며, 뭐 하러 컴퓨터에 남기냐고 손으로 쓰니 얼마나 정감 있고 좋으냐고 했다. 둘째가 기어다니기 시작하며 손에 잡히는 대로 던지고 찢던 시절 주식매매 노트의 주식서 필사 노트는 좋은 장난감이었고, 잠시 한눈을 파는 동안 찢어질 대로 찢어져 있었다. 겨우 찾아서 붙였지만 이래서는 안 됐다. 찢기만 하면 다행이었다. 종이를 한 장씩 먹기 시작하자 한두 번 볼 것도 아니니 영구적으로 보관 해야지 싶었다.

SNS를 안 했던 이유는 공식적으로는 기계치였지만 사실은 남들이 잘난 척하는 게 보기 싫어서였다. 좋은 집에 살면서 비싼 차를 타고 한정판 백을 들고 호화로운 해외여행을 다닌다고 하는 사진들이 싫었다. 나는 침 흘리며 그 사진들에 '좋아요'만 누르고 있을 텐데, 개설조차 하지 않았다. 79년생인 나는 싸이월드 세대이지만 다 한다는 싸이월드도 남들 다 그만할 때쯤에야 시작했다. 사진 올려달라는 친구들 때문에 등 떠밀려 시작해서 재미도 흥미도 없었던 싸이월드의 기억 덕분에 인스타를 하라는 사람들 권유가 싫었다. 내가 하는 공부인데 나 혼자 보면 되지, 굳이 남들한테 알릴 필요가 있나 싶었다. 책 읽은 걸 올리고 주식책 리뷰를 공유하면 서로 좋지 않냐고, 그러다 보면 서평도 하게 될지 모른다고 권하는 지인의 충고가 아니었다면 이 책은 탄생하지 못했을 것이다.

2020년 9월 인스타를 시작했다. 읽은 책들의 리뷰를 올리는데 사진도 못 찍고, 기계 다루는 것도 서툴다 보니 영어색하고 별로였다. 인스타를 한다고 했더니 아는 사람들만 찾아와서 '좋아요'를 눌러줬다. 이걸 왜 하는 걸까? 인플루언서가 되면 돈도 많이 번다고 하는데 나는 그럴 마음도, 그럴 생각도 없었다. 재미없던 인스타를 재밌게 만들어 준 건 리뷰가 재미있다는 댓글 때문이었다.

"책 리뷰를 이렇게도 하네요."

"주식 책 어려워서 안 보는데 너무 재밌고 뼈 때리는 리뷰 덕에 보고 싶어요."

그런 댓글들 덕분에 그러면 더 재밌게 써 봐야지 싶었다. 나는 어려웠지만 리뷰를 보고 사람들이 한 권이라도 주식 책을 더 읽었으면 좋겠다는 마음으로 책 리뷰를 올렸다. 팔로워가 점점 늘고 광주에도 인친이 생기고, 파주에도 생기고 순천, 울산에도 인친들이 생겼다. 인스타를 통해 알게 된 오애란 작가님은 부산 사는 나를 보러 일산에서 오셨다. 꾸준히 소통은 했지만 책을 읽으며 사는 분이라 좋은 분이겠거니 했지만, 느닷없었다. 나를 보고 싶다고 부산으로 오시겠다고 했다. 그분은 책 읽으며 인생을 바꾼 내가 너무 예쁘다고, 기부하는 모습도 예쁘다고, 어려운 주식 책을 그렇게 재미있게 리뷰하는데, 자기 같은 금융 문맹들을 위해 꼭 책을 내라고 했다. 작가님이니까 책 쓰기를 쉽게 말한다고 생각했지만 싫지 않았다. 랜선 친구, 인친, 찐친 하지만 나처럼 제대로 된 친구를 만나서 도움받은 사람이 있을까? SNS의 순기능을 말하라면 몇 시간은 말할 자신이 있다.

기록하고 공유하면서 사람들이 생각보다 주식을 무서워한다는 걸 알았다. 인친이라고 하지만 내 인친의 90%는 아주머니들이었다. 정확히는 아주머니들이 주식을 무서워하는 것을 알게 되었다. 나도 그랬다. 도와주는 사람도 쉽게 설명해 주는 사람도 물어볼 사람도 없었다. 무섭고 위험하다고 생각했다. 그녀들을 위해 피드에 글을 쓸 때도 최대한 쉽게 썼다. 하나라도 더 알면 좋겠다고 생각했다. 몇 안 되는 팔로워들이지만 소중했고, 그들 피드에 '좋아요'를 누를 때는 복을 주겠다는 마음으로 눌렀다.

SNS를 시작하지 않았다면 시작도 해보지 못했을 책 쓰기였다.

"야, 너도 할 수 있어."

이렇게 말하고 싶은 건 나도 했기 때문이다. 나는 명문대도 안 나왔고, 경제지 기자 출신도 아니며, 금융권에서 일하지도 않았다. 꾸준하게 매일 읽었고, 읽으면 기록했다. 매수의 기준을 세우고, 매도의 기준을 세우니 매도할 일이 기의 없어졌다. 좋은 돈이 다른 좋은 돈을 데려오듯 좋은 책은 다른 좋은 책을 불러왔다.

주식 책만이 아니라 심리학 책, 인문학 책, 자기 계발서를 읽으며 마음을 다잡고 생각을 정리했다. 힘든 날은 소설도 읽고 시집도 펼치며 위로받았다. 주식 책이 꼴도 보기 싫은 날도 있었다. 펼치면 그래프, 펼치면 또 그래프, 펼치면 또 또 그래프인 책을 만나면 아무리 몸에 좋다지만 먹기 힘든 보양식 같았다. 그래도 보러오는 인친들이 있을지 모르니 다 읽고 리뷰를 남겼다. 며칠 뒤에 다시 읽고, 몇 달 뒤에 다시 읽으면 내가 쓴 리뷰지만 좀 달랐다. 사람들의 댓글을 보며 '이렇게 생각하기도 하네'라는 생각이 들었다. 공부가 되고 있었다.

누군가는 책이라곤 한 장도 보기 어려운데 주식 책이라니, 하며 고개를 저을지도 모르겠다. 쉬운 책, 마음 잡기 할 수 있는 책부터 읽어보면 좋겠다. 꼭 주식 책이 아니라도 좋다. 부자학이나 자기 계발서를 읽으며 돈에 대한 마인드나 사람에 대한 생각이 나아지면 좋겠다. 그래도 책 읽기가 어렵다고 하는 사람들에게는 정중하게 묻고 싶다. 책 몇 권만 읽으면 알게 되는 사실을, 겨우 몇 시간만 투자하면 깨닫게 될 진실을 모르고 살아가고 싶은지 말이다. 그 정도의 노력과 수고도 안 하면서 뭔가 달라지길 바란다는 건 누가 봐도 도둑놈 심보가 아니냐고 말이다.

확 달라지는 수익률도 아니고, 잡으면 상한가도 아니고, 따상에 따따상도 아니지만, 나는 수익률도 마음도 꾸준히 좋아지고 있었다. 공부했다면 기록하자. 주식을 샀다면 기록하자. 주식을 팔았다면 기록하자. 왜 샀는지, 왜 팔았는지를. 한 주를 사더라도 기록해서 본다면 누가 좋다고 해서, 유튜버가 사라고 해서 같은 이유로 주식을 사기가 부끄러워진다. SNS에 글을 올려서 공유한다면 그런 주식은 살 수가 없다.

내가 나를 못 믿을 때가 있다. 그럴 때는 남을 믿어야 한다. 남들이 다 볼 수 있게 하는 것이 좋다. 다이어트 할 때 여기저기 알리라고 하는 이유도 그거니까. 남들이 지켜볼 수 있는 시스템을 만들어야 한다. 주식을 시작한다면, 공부해야겠다면 여기저기 알리자. 이렇게 공부한다고, 이런 주식을 사고 싶다고, 이런 투자를 하고 있다고 말한다면 쉽게 포기도 못 하게 된다. 매일 공부하는 사진을 올리게 된다. 질러놓은 말 때문에 어쩔 수 없이 하게 된다. 테마주도 급등주도 안 하고 우량주에 장기투자 한다고 한 말 때문에 나는 이제 누가 아무리 좋은 테마주도 급등주라고 추천해도 못사게 되었다. 지르길 참 잘한 것 같다.

유연한 사람이 잘하는 건
요가가 아니라 주식 투자다

딸아이가 유치원 다닐 때는 아침마다 머리하느라 10분
이 넘게 걸렸다. 엘사 머리를 해달라고 했다가, 안나 머리를
해서 양쪽으로 땋아달라고 하고, 가르마는 지그재그로 했다
가 다음날은 2대 8로, 그다음 날은 중간 가르마를 하라고 했
다. 내가 미용 기술이 탁월했나, 미용실을 차렸어야 했나 생
각하지만 이 시간이 너무 길었다. 그날 의상에 맞춰 머리를
하고 나간 큰애가 앉았던 자리의 머리카락들을 치우며 애들
은 가르마를 매일 바꿔도 이상하지 않다는 생각을 했다. 내
가 기억하는 내 머리의 가르마는 어려서부터 줄곧 오른쪽이
었다. 웨딩 촬영 시 내 두상에 맞게 가르마를 좀 바꾸면 어

떠냐고 물었을 때 나는 단호하게 "노"라며 전문가에게 대답했다. 내 머리는 내가 제일 잘 안다. 나는 딱 오른쪽이다. 늙어 죽을 때까지 가르마는 오른쪽이다.

가르마가 뭔 소리냐고 누가 당신의 가르마에 관심이나 있다고 이런 말을 하나 싶을 거다.

오른쪽이든 왼쪽이든 가르마가 백 개 있든 아무도 당신의 가르마에 신경 안 쓴다고 말하고 싶을 거다. 맞는 말이다. 아무도 내 가르마에 관심 없다. 그런 가르마인데 나는 42년 동안 오른쪽을 유지했다. 아이들은 자기가 하고 싶은 데로 가르마를 바꾸며 자유롭게 사는데 유연하지 못하고 고집스럽게 왜 그러고 살았을까? 당장 왼쪽으로 가르마를 바꾸고 나갔다. 나는 어색해서 고개를 못 들겠는데 하원 차량 기다리는 엄마들 중 아무도 내 가르마에 대해 이야기하지 않았다. 누구도 관심이 없었고, 보지 않았다.

'아, 나는 왜 오른쪽 가르마에 집착했을까?'

부자가 된 투자자들은 모두 유연함을 이야기했다. 투자를 잘하기 위해서는 유연한 아이디어가 필요하다고, 유연해져야 한다고, 다른 사람의 말도 들을 줄 알아야 한다고 했다. 돈 앞에서는 유연해져야 한다기에 나도 유연해지기로 했다. 고집부리지 않기로 했다. 머던 것만 머지 않고, 가던 곳만 가지 않기로 했다. 맛이 없어 실패하기도 했고 가던 곳이 아니라 내 스타일이 아니기도 했다. 주식 투자에서도 그랬다. 이런 종목도 있고, 이런 투자 방식도 있으며, 이렇게 매수하기도 하고, 공모주는 이렇게 하는 거라고 유연하게 사고를 바꿔야 했다.

실패하기 싫어서 시작도 하지 않겠다면 그냥 그대로 계시라. 뻣뻣하게 내가 옳다고 고집부리는 심술쟁이 할머니가 되어 보라. 조금만 유연하게 변화를 준다고 세상이 뒤집어지지 않는다. 몰랐던 부분을 알게 되고 새로운 기쁨도 알게 된다. 주식을 한 번도 안 해 본 친구가 있다면 유연하게 주식하라고 권하고 싶다. 사고 싶은 종목들을 쭉 적어보고, 현재 주가와 원하는 보유기간과 수익률, 간편 재무제표 등을 기록해보기 바란다. 취향에 따라 2~3종목만 해도 좋고 매달 다른 종목을 사도 좋다. 주식은 위험해서, 겁나서 못하겠다고 하지 말고 매달 10만 원이면 1년 120만 원이고, 이걸로 매달 주식을 배우는 수강료를 낸다고 생각하라. 다 잃을까 걱정하지 말고 학원비로 썼다고 생각하자. (웬만한 잡주를 사지 않는 한 다 잃기도 힘들다.)

10만 원을 투자하기로 했으니 거기에 맞춰서 1주만 살 수도 있고 몇십 주를 살 수도 있다. 그렇게 1년만 주식을 공부해 보자. 내가 사 놓은 주식에는 눈이 가고 관심이 생긴다. 장이 올라도 더 사지 말고 떨어져도 팔지 말고 1년만 지켜보면 사놓은 주식들이 어찌 되어 가는지 알 수 있다. 매달 주식을 사면서 장을 살펴봤으니 관심도 생기게 될 것이다. 그렇게 유연하게 주식을 해 보자. 주식은 투기도 패가망신도 아니다. 마음만 바꿔서 성실한 마음으로 임하면 적금보다 낫고 부동산보다 이익을 얻을 기회가 많다. 그러니 주식을 시작해 보자.

왼쪽도, 오른쪽도, 중간 가르마도 해 보았다. 가르마 하나 바꿨는데 마음까지 바뀌고 인생까지 바뀐다면 너무 멀리 간 걸까? 주식 잘하는 사람들은 엉덩이 무겁게 우직하게 오래 보유하는 사람이라면서 유연해지라는 건 앞뒤가 안 맞는 말 같다. 주식 잘하는 방법은 간단하다. 정말 너무 간단해서 초등학생인 우리 딸도 성공할 수 있다. 모두가 알지만 쉽게 성공하지 못하는 이유는 우리가 유연하지 못해서다. 하락장에서 소리치며 도망갈 게 아니라 유연하게 주워야 한다. 상승장에서 더 높이를 외치며 붙잡고 있을 게 아니라 유연하게 매도하고 뒤돌아보지 말아야 한다.

내가 지금 하는 게 맞는 방법인지 확인하고, 체크하고, 스스로에게 물어보아야 한다. 다른 사람들은 어떻게 투자

하는지, 좋은 방법이 있다면 남녀노소 가리지 않고 배워야 한다. 가르마를 바꾸며 내가 생각했던 투자 마인드였다. 내 가르마가 큰 가르침을 준 것인지, 내가 뭔가를 깨닫고 가르마를 바꾼 건지 모르겠지만 지금 뻣뻣하고 독불장군 같은 당신이라면 거울 보고 가르마부터 바꿔보자. 어색한 얼굴은 금방 익숙해지고 남들은 내 가르마에 관심도 없다는 것을 알게 될 것이다. 이쪽저쪽 가르마를 바꾸고 안 먹던 음료도 먹으며, 안 입던 옷도 사 보면 알게 된다. 인생에서 성공하고 행복한 사람들은 한 가지만 고집하는 사람들이 아니라 이것도 해 보고, 저것도 해 보는 유연한 사람들이라는 것을. 유연함이 필요한 것은 요가 시간만이 아니라는 것을.

그러니 제발 주식 좀 시작하자.

몇 등을 기억하는 게 아니라
어떻게 공부했나를 기억한다

주식을 한다고 하면 미리 시작한 지인들이 충고해 줄 것이다. 이렇게 저렇게 사야 한다고, 지금은 이런저런 종목이 좋다고, 또는 절대로 주식은 하지 말라고.

다 흘려들어라. 그들은 주식으로 부자가 되지도 않았다. 주식으로 손해 본 것은 그들이다. 당신은 그들과 다른 사람이다. 궁금한 일이 생기거나 물어볼 사람이 필요하다면 정말로 검증된 사람들에게 물어보라. 50년 전부터 시장에서 주식을 사고판 사람이 나을까, 당신 지인이 나을까? 책 읽는 걸 싫어하니 유튜브나 카페에 가입해서 찾아보겠다고 한다. 찾아보겠다는 마음은 가상하지만 나는 안다. 당신이 찾는 것은 주식을 잘할 수 있는 공부 방법이 아니라 오를 종목을 찾겠다는 것 아닌가? 그냥 종목이나 알려주지 뭔 얘기가 그렇게 기냐며, 화면을 넘기다 종목 이름이 나오면 게시판을 기웃거리다 좀 오르는 날이면 더 오를까 겁이 나서 덜컥, 살 것이다. 그러고는 떨어지면 한숨 쉬고, 좀 오르면 기뻐하며, '주식이 사람 잡네' 하며 추천해 주는 다른 종목은 없는지 기웃거리고 있지 않느냔 말이다.

금쪽같은 아이들의 문제를 콕콕 잘 집어주는 박사님이 이런 이야기를 한 적이 있다. 아이들이 공부하는 이유는 성취감 때문이어야 한다고. 몇 등을 했는지 어른이 되면 기억나지 않지만 그때 자기가 밤늦게까지 시험공부를 열심히 했었다는 기억은 남아 있다고 한다. 생각해 보니 나도 그랬다. 공부를 잘 못했지만 중학생이 되었으니 독서실에 가보겠다며, 돈 없다는 엄마한테 매달려 받아 낸 독서실비로 한 달을 끊어놓고 공부하는 척을 해 보았다. 옆에 있는 사람들이 다들 공부하니까 어쩔 수 없이 앉아 있으며 심심해서 문제집도 풀어보고 공부라는 걸 해 봤다. 타고나길 공부 머리는 없는 편이라 그저 외우는 게 다였지만 그달 시험에서 10등 근처까지 갔던 기억이 난다. 평소에는 늘 중간(79년생인 내가 중학교에 디닐 때는 한 반에 55명에서 60명끼지기 정원이었다)에서 왔다갔다하는 어중간한 내가 10등 근처까지 갔으니 담임 선생님은 성적이 많이 올랐다고 엄마에게 전화까지 해주셨다.

엄마는 독서실을 6개월 치를 끊어줬지만, 나는 독서실 간다는 말을 방패삼아 친구들과 참 열심히 놀러 다녔다. 그 뒤 성적은 다시 중간에서 왔다갔다했고 10등 근처까지 갔던 성적이 내 인생에서 제일 잘했던 등수가 아닌가 싶다. 정말 열심히 공부해서 성적이 올랐다고 말하면 좋겠지만, 독서실에서 만난 언니들이 알려준 팁이 내 성적을 올려주었음을 고백한다. 교과서를 뚫어져라 보고 있는 내게 언니들은 선생님들이 내준 예상 문제만 달달 외우라고 했다. 무슨 말인지 몰라도 달달 외우기만 하라고 했다. 거기서 살짝 문장을 비틀어서 문제가 나온다고 했다. 교과서 전체를 다 읽을 필요도 없고, 그냥 그것만 외우면 된다니. 수업 시간에 딴짓하고 시험 기간에도 교과서 한 장 펼칠 필요 없이 이것만 외우면 된다는 말 같았다.

주식에 투자한 돈은 남의 돈이 아니다. 내가 힘들게 출퇴근하고 나를 힘들게 하는 윗사람도 못 본 척하며 그만 두지 못하고 받아온 돈이다. 남편이 무거운 몸을 이끌고 출근해서 안전화 신고 일하면서 주말에도 일 생기면 나가서 받아온 돈이다. 그런 돈으로 주식 투자하면서 남의 말에 귀 기울이지말라. 그들은 남이다. 더군다나 전문가도 아니다. 내 돈을 어디다 써야 할지 알려줄 수 있는 사람은 나 말고 아무도 없다. 본인이 직접 공부해서 종목을 찾아야 한다. 처음에는 뭐가 뭔지도 모르고 그냥 추천해주는 종목을 사고 싶은 마음도 들 것이다. 공부도 처음 하면 뭐가 뭔지 모르니 선생님들이 이것만 외우면 된다고, 시험에 나올 것들만 뽑아 주시지 않았을까?

내가 찾아서 공부 안 하고 그것만 외워서 시험을 쳐도 그만큼은 성적이 올랐다. 그리고 등수가 올라 기뻤지만 다음 시험에는 그만큼 열심히 외우지 않았다. 그건 내 공부가 아니었으니까. 암기 과목은 다 그런 예상 문제 같은 것들을 주셨던 것 같다. 학생들이 그거라도 외워서 시험점수를 잘 받게 해 주고 싶으셨던 선생님들의 마음은 고맙지만 그건 내 공부가 아니었다. 그런 예상 문제로 한번 시험을 잘 치고 나니 다음에는 공부 안 해도 성적이 잘 나올 것 같다는 터무니없는 생각을 했다. 무슨 말인지도 모르면서 외우기만 했으니 연결되어 나오는 다음 시험을 잘 볼 리 없었다. 열심히 공부해서 문제를 푼 것이 아니었다. 문제와 정답을 달달 외우고선 퍼즐 맞추듯 답을 꿰맞추는 것은 공부가 아니었다.

스스로 종목을 사 보고 조금씩 투자해 보아야 한다.

내가 투자법을 만들어 가며 투자해 보고 아니면 수정해 가야 한다.

내가 찾은 종목이 수익이 날 때의 기쁨을 알아야 한다.

내가 하는 공부가 더디고 늦더라도 남는 것은 이것이다.

서점에 넘치게 많은 주식 선생님이 있다. 그러나 그들 역시 당신 돈에 책임지지는 않는다. 당신 지인들의 충고를 듣고 손해가 났다고 해서 그들이 책임지지 않듯. 책을 읽고 내가 공부해서 난 손해는 공부다. 무엇이 잘못되었나 찾아보고 다시 도전해도 된다. 지인의 말을 듣고 산 주식의 손해는 손해다. 지인과 사이만 멀어진다. 어떻게든 주식으로 돈만 벌면 되는 거지, 굳이 뭘 공부까지 하냐고 물을 것이다.

그렇게 많은 주식 책을 읽었고, 이렇게 시간을 들여 책을 쓰면서 내가 이걸 왜 하나 싶었다. 이거 안 해도 먹고살 만한데, 이거 한다고 수익률에 도움이 될까 싶어 포기하고 싶을 때마다 생각했다. 공부 안 하고 주식 투자 잘하고 싶다는 건, 운동 안 하고 먹을 거 다 먹으며 살 빼고 싶다는 말과 같다. 공부도 안 하면서 주식 투자로 돈 벌고 싶다는 건, 시험 공부 하나도 안 해놓고 성적이 잘 나왔으면 좋겠다는 말과 같다. 공부 잘 못했고 성취감이 뭔지 모르던 나 같은 사람도 책 읽고 신문 읽으며 종목을 찾아 수익이 났다. 내가 찾은 종목이 꾸준하게 올라가는 걸 보면 그 수익이 자랑스러운 게 아니라 내가 공부한 시간이 자랑스럽다. 앞으로 더 열심히 공부해야겠다는 생각이 든다.

그래서 책을 쓰기 시작했다. 나 같은 아주머니들도 모이면 자연스럽게 이 회사의 PER와 PBR과 ROE를 이야기하며 배당금은 몇 프로인지, 꼼꼼히 이야기하고 싶었다. 주식이 어렵고 무서워서 시작하지 못한 딱 한 사람이라도 제발 이 책을 읽고 공부하며 시작해 보면 좋겠다. 당신의 등수 말고 당신의 공부가 자랑스러웠으면 좋겠다. 생각보다 어렵지도 지겹지도 않으니 누구라도 좋은 선생님을 한 명 찾아 따라 하며 배웠으면 한다. 1등 수익률을 장담하지는 못하지만 꾸준히 공부하는 사람에게는 분명 지금까지 받아보지 못한 성적표가 도착할 것이다. 주식이 무서워 시작도 안 해봤다면 더 꼼꼼히 공부해 보자. 적금으론 받아보지 못한 성적표를 받게 될 것이다.

아래는 내가 세운 기준이다. 이 조건에 맞는 주식을 산다. 조건에 다 맞아도 주식이 오르지 않을 수도 있고 조건에 안 맞이도 주식은 오를 수 있다. 그래도 님들이 좋다는 것,

곧 상한가 간다는 거 안 사고 이 조건에 맞는 것만 산다. 나만의 기준을 세워보자. 세웠다면 지켜보자.

ROE(자기 자본이 효율적으로 활용되는지 나타내는 지표. 수치가 높을수록 투자수익률이 높다고 생각할 수 있다) : 15% 이상

PBR(주가와 1주당 순자산을 비교해 나타낸 비율로 기업의 자산가치를 나타내는 지표. 수치가 낮을수록 기업의 자산가치가 증시에 저평가되었다고 본다) : 1 이하

PER(주가가 그 회사 1주당 수익의 몇 배가 되는지를 나타내는 지표) : 10 이하

시총(주가와 발행 주식을 곱한 것으로 상장회사 혹은 기업 가치를 평가하는 지표. 일반적으로 기업 이익이나 자산이 클수록 시가총액도 높아진다) : 1조 이상

배당금(기업이 벌어들인 이익을 주주들에게 나눠주는 것) : 3% 이상

Chapter 04

<주식 유아기>
백종원 레시피만큼
쉬운 투자 레시피

SELL

BUY

돈을 벌고 싶다면
돈을 배워라

옆 동네 그 집은 백종원도 다녀간 곳이었다. 그곳에서 돈가스와 쫄면을 한 젓가락 먹으면 알게 된다. 줄을 서서 먹을 만하다. 다른 집과 뭐가 다른가 싶지만 그 집만의 무언가가 있다. 식재료는 항상 신선하고 가격에 비해 양도 많았다. 간은 적절하고 야채는 넘치도록 듬뿍 줘서 1인분이 2인분 같은 곳이었다. 동네 관광코스처럼 일부러 찾아가서 먹고 가는 집이었다. 먹을 때마다 맛있다, 소리가 절로 나는 그런 곳이었다.

누구나 다 아는 그 맛집, 너무 유명해서 안 먹어봐도 알 것 같은 맛집이 있다. 돈의 속성은 그런 유명한 맛집 같은 책이다. 돈과 성공에 대한 유튜브를 찾아다닐 때 김승호 회장님을 알게 되었다. 강의 영상을 딱 하나 봤는데, 느낄 수 있었다. 유산 한 푼 안 받고서도 부자가 될 수 있다는 자기 자랑이 아니었다. 겸손했고 부드러웠고 멋있었다. CEO들을 가르치는 CEO라는데 돈이 사람의 인성까지 바꿔주는 것일까? 저 사람은 원래 저런 인성이었을까? 아무리 맛집이라도 내 입에는 안 맞을 수도 있으니, 일단 한번 먹어본다는 마음으로 책을 읽었다. 한 장 펼치면 신선한 재료, 두 장 펼치면 딱 맞는 간이란 생각이 들었다. 왜 유명한지, 왜 베스트셀러인지 설명이 필요 없었다.

"그래, 이 맛이야." 소리가 절로 나오는 그런 책이었다. 주식을 하든 뭘 하든 이 책부터 읽고 시작한다면 성공하겠다고 생각했다.

돈에 대해 우리가 들었던 말들, 어릴 때 주변에서 돈에 대해 하던 말을 생각해 보자. 엄마한테 무언가를 사 달라고 했을 때 자주 들었던 말들을 한번 생각해 보자.

"땅을 파 봐라, 백 원이 나오나."

"백 원이 어데 있노? 백 원이 뉘 집 애 이름도 아니고 맨날 백 원, 백 원."

"돈도 없는데 뭘 사달린 말이고."

"징글징글한 돈."

"돈, 돈 하지 마라. 어린애가."

"돈에 발이 달렸는지 와 맨날 없노."

"쥐꼬리 같은 월급가지고…."

수없이 많은 돈에 대한 부정적인 이야기들이었다. 어린애가 돈을 입에 올리면 안 된다고 했다. 학생이 돈, 돈 하면 못 쓴다고 나무랐다. 젊은 사람이 돈 많이 준다고 회사를 옮기면 안 된다며, 학교에서도 어른들도 '돈'을 입 밖으로 내지 말라고 했다. 돈 밝히면 안 된다며 매일 쓰는 돈을 못 본 척, 모른 척하라고 했다. 돈은 곶감보다 무서운 존재라서 함부로 달라고 해도 안 되고 입에 올리면 안 되는 그 무엇이었다. 큰돈 드는 학용품을 사야 하면 쭈뼛거렸고, 비싼 운동화라도 얻어 신으려면 이 눈치 저 눈치를 보며 결국은 시험성적을 올리겠다는 구두 약속을 해야 했던 것은 우리 집만의 이야기가 아닐 것이다. 돈이 나한테 뭐라고 한 적도 없는데 늘 돈을 나쁘다고 생각하며 살았다.

그러나 돈은 무섭지도 나쁘지도 않다. 어쩌면 이미 알고 있는지 모른다. 돈이 무섭고 나쁜 게 아니라 돈이 없는 상황이 무섭고 나쁜 것이다. 그 상황이 오면 돈을 모으지 못한 내 탓 대신 돈을 탓할지도 모른다. 돈이 이렇게 무서운 거다, 돈이 이렇게 나쁜 거다 하면서 애꿎은 돈을 미워한 것은 아닐까? 돈에도 인격이 있다고 한다. 감정을 가진 인격체라고 생각하고 대하라고 한다. 너무 사랑해서 붙들고만 있으면 도망가고 안 좋은 곳에 쓰면 등을 돌린다고 한다. 감정이 있다니, 돈에도 그런 것이 있다는 생각을 해 본 적이 없었다. 돈 많이 벌어보신 분이 그렇다고 하는데 그래서 돈을 쉽게 쓰지도 않지만 움켜쥐고 안 쓰지도 않는다고 한다. 돈을 무시하지도 않고 존중하고 감사까지 해야 한다니. 이 무슨 해괴망측한 소리란 말인가. 이상하게 들리겠지만 뭔 말인지 궁금하다면 책을 펼치고 읽어보자. 한 문장이라도 놓칠까, 한 단어라도 흘릴까 조마조마하며 읽게 될 것이다.

 주식 공부를 위해 내가 읽은 책

《돈의 속성》, 김승호, 스노우폭스북스

02
주식 투자 잘하는 습관

잘생기고 키 크고 유쾌한 대기업 다니는 남자가 결혼 전 나의 이상형이었다. 그러니 소개팅마다 잘 안되고 만나는 사람마다 내 눈에 안 찼다. 그들이 나를 어떻게 보든 말든 내가 먼저 "노"를 외쳤다. 잘생기고, 키 크고 유쾌한 대기업 사원을 찾을 때 엄마나 어른들은 한숨을 쉬며 나를 달랬다. 외모 보지 말라고, 착한 사람 만나라고, 따뜻한 집에서 평범하게 큰 사람이랑 결혼해야 행복하다고 했다.

그런 조건에 딱 맞는 남자라고 했다. 잘생긴 건 아니지만 호감형에 키는 좀 작지만 착하고, 작은 회사에 다니지만 성실한 사람이니 만나보라고 했다. 몇 번을 권하는 소개팅이었다. '알겠다고 좋은 사람인 거! 그런데 내게는 이.상.형. 이라는 게 있다니까.' 잘생기고 키 크고 유쾌하고 대기업을 다녀야 한다고 외치고 싶었지만 소개팅남의 이력을 들으면서 느낌이 왔다. '좋은 사람이겠구나, 결혼은 이런 사람이랑 해야겠구나' 생각했다. 그렇게 만난 키 작고 착하고 작은 회사 다니는 우리 남편 같은 책이었다. 표지를 보는 순간 알 수 있었다. 어떤 내용일지 알 것 같았다. 성공하는 사람이 가져야 할 그 습관들을 모르지 않으니 굳이 이 두꺼운, 500페이지가 넘는 책을 읽을 필요가 있을까 싶었다. 그러나 도전은 해 보자. 책 빨리 읽기로는 둘째가라면 서러운 나인데 일주일을 읽었다. 어려워서 오래 읽은 책이 아니었다. 그냥 이대로 덮기에는 너무 좋았던 책이었다.

주식 책만 많이 읽는다고 주식을 잘할 수 있는 것은 아니다. 내가 좋아하는 주식의 대가들은 다들 다독가였으며, 분야를 가리지 않고 책을 읽었다. 그중에서도 자기 계발서나 심리학 책, 인문학 책 등은 주식 투자를 한다면 꼭 읽어야 할 책들이다. 벽돌 책이라고 한다. 이런 건 집 지을 때나 쓰지 책으로 냈나 싶게 두꺼워서 펼치기 전에 피로하고 호감도가 떨어질 수도 있다. 그런데 아무 페이지나 열어서 훑어보면 좋은 글들이 쏟아지고 명품 강의를 듣는 듯 가슴을 때린다. 좋은 책은 좋은 대학 하나에 필적한다고 한다. 등록금 백 분의 1도 안 되는 돈으로 가능한 게 책이다. 책을 읽으면 좋은 대학 하나 졸업할 수 있으니, 이보다 남는 장사가 있을까?

책 좀 읽어보니 알겠다. 좋은 대학 나와서도 책 하나 안 읽은 사람은 비참한 인생을 살 수도 있다. 의사, 변호사 등 소위 돈 잘 번다는 전문직의 사람들도 돈 공부 안 하고 경제적으로 어려워지면 나보다 나을 게 하나도 없었다. 책을 더 많이 읽으며 알게 되었다. 서울대 안 나와도, 전문직 아니어도 행복하게 성공할 수 있는 방법은 얼마든지 있었다. 돈에 대해 꾸준히 공부하고 돈에 관심을 가져야 했다. 한 달에 1,000만 원을 벌어도 1,200만 원을 쓰며 본인 직업을 신용으로 최대한의 빚을 내서 사는 전문직들보다 한 달에 250만 원을 벌어도 60만 원씩 주식 사는 내가 낫다는 것을. 좋은 직업도 안 부럽고 좋은 대학 나온 사람도 샘이 안 났다. 내가 더 부자가 될 수 있겠다는 자신감이 생기기 시작했다. 책이랑 가까워지니 좋은 대학 졸업장도 부럽지가 않았다.

결혼하고 살아보니 남편의 키나 잘생긴 얼굴은 결혼생활의 필수 요소가 아니었다. 착하고 성실한 사람이어야 했다. 가정에 충실하고 자상한 사람이면 족했다. 부모님들에게 따뜻하게 대하고 아이들을 사랑으로 보살필 수 있는 사람이면 그만이다. 주말까지 바빠서 일하는 대기업이 아니라서 좋았다. 알고 보면 반드시 가지고 있어야 할 행복의 조건이었는데 나만 모르고 있던 것인지도 모르겠다. 꼭 읽어야 할 책인데 혹시라도 그냥 지나치진 않을까 조바심이 났다. 겨우 25년밖에 안 된 책이지만 250년이 지나도 이 습관만 가지고 있다면 성공할 수 있는 놀라운 방법이 담겨 있다. 벽돌 책이지만 꼭 한번 도전해 보기 바란다. 한 달이 걸려도, 몇 달이 걸려도 다 읽어보시라. 이걸 다 읽었는데 뭘 못할까 싶은 자신감이 생기고, 나도 괜찮은 사람 같다는 자존감이 올라가는 소리가 들릴 테니까. 인품 좋은 사람이 되고 싶다면 책 품 좋은 이 책부터 열어보시라.

 주식 공부를 위해 내가 읽은 책

《성공하는 사람들의 7가지 습관》, 스티븐 코비 저/김경섭 역, 김영사

03
주식 유산 상속받는 법

가족여행을 갔다. 전라도는 어디라도 맛있다지만 그중에
도 맛있는 집으로 가야 했기에 검색을 해 보았다. 혹시나 홍
보성 글은 아닌지 후기를 살피며 들어갔는데 그저 그랬다.
이 정도는 부산에도 있는데, 남도는 맛의 고장이라더니 생
각보다 별로였다. 현지에 사는 친구가 추천한 식당에 갔지
만 그집도 그저 그랬다. 드라마틱하게 맛있지는 않았다. 실
망이었다. 첫 전라도 여행인데, 얼마나 맛있을지 기대했지
만 다 별로였다. 마지막 날 남편도 포기하고 아무 데나 가자
고 했다. 관광지에서 좀 떨어진 곳에 숯불갈비집이 보이는
데 '점심 정식합니다'라는 문구가 보였다. '그래, 허기라도

때우고 출발하지 뭐. 갈비는 다 맛있으니까' 하는 생각으로 들어갔더니 점심에는 갈비는 안 하고 정식만 한단다. 테이블마다 예약이 되어 있고 겨우 몇 자리만 남아 있었다.

정식을 주문하고 앉아 있는데 느낌이 왔다. 이집 맛있을 것 같다. 급하게 검색해 보니 별로 나오는 것도 없다. 아주 조그맣게 사진 한 장 올린 블로거는 아무도 몰랐으면, 특히 관광객들은 몰랐으면 좋겠다는 집이란다. 밑반찬 하나 먹고 놀랐고, 김치 먹고 눈이 떠졌다. 처음 보는 생선이 나왔는데 입맛에 딱 맞았다. 된장찌개는 이제껏 먹어보지 못한 구수함이 있었다. "애기 왔응게" 하시며 내주시는 생김은 왜 그리 맛있던지. 조미되지 않은 김이 그렇게 맛있을 줄은 몰랐다. 입 짧은 우리 아이는 밥 한 그릇을 뚝딱하고는 집에 와서도 점심에 먹은 거 또 달라고 했다. 전라도의 맛은 이 집에 있었다. 남편도 정말 맛있다며, 전라도 여행 오면 이 집으로 밥 먹으러 오자던 알려지지 않은 맛집이었다.

주식 책을 추천할 때 이 책만큼은 진짜 좋아하는 사람들한테만 추천하곤 했다. 관광객들은 몰랐으면 좋겠다는 블로거의 말처럼 아무나 다 읽지 말았으면 했다. 기대 없이 펼쳤다가 한 페이지 떠먹고 맛집임을 인정했던 존 템플턴이었다. 그는 50여 년을 투자자로, 월가의 전설이 되었고 전 재산을 기부했다. 자식도 있는데 상속도 안 하고, 독실한 기독교 신자여서 성경 말씀대로 살았던 책 표지의 선한 얼굴만 봐도 믿음이 가는 사람이었다. 주식 책만 읽다 보면 메마르고 삭막해진다. 이제 그만 보고 싶은 그래프와 재무제표들이 힘들고 부담스러울 때 펼치면 전라도 그 맛집처럼 감동스러워졌다. 이렇게 살아야지, 이렇게 돈 벌어야지, 이런 부자가 되어야지라는 다짐이 생긴다.

주식의 대가라고 하면 누가 생각나는가? 아마도 워런 버핏일 것이다. 그러나 워런 버핏은 본인이 직접 책을 낸 적이 없다. 주주서한이나 다른 사람이 쓴 평전이 있을 뿐이다. 버핏이 책을 내지 않는 이유는 엄청난 부자라서 굳이 책 수익은 필요 없어서일까? 또는 글재주가 없어서 일까? 직접 만나서 물어보지 않았지만 주식하는 데 어렵고 복잡한 것들이 필요하지 않기 때문이리라. 책 한 권을 다 채울 만큼 알려줄 것이 없어서일 것이다. 그러니 좋은 주식을 사서 오래 들고 있으라고 한다. 두 가지 원칙을 꼭 지키라고 한다.

첫 번째는 절대 돈을 잃지 말 것, 두 번째는 첫 번째 원칙을 꼭 지킬 것.

너무 뻔하지만 정답이어서 뭐라 대꾸할 말도 없다. 이 이야기를 책 한 권으로 풀어줄 필요를 못 느꼈기에 아직 그가 쓴 책이 없는 게 아닐까 싶다.

친절한 템플턴은 좋은 책을 남겨 주었다. 그는 재산을 사회에 환원하듯 투자 철학과 좋은 부자의 마인드를 유산처럼 책에 써서 물려줬다. 책을 읽고 실천하면 누구라도 그의 상속자가 될 수 있다. 좋은 말을 할 수 없다면 차라리 입을 다물라고 한 템플턴 플랜은 인생 플랜이라 불러도 좋지 않을까?

 주식 공부를 위해 내가 읽은 책

《템플턴 플랜》, 존 템플턴 저/박정태 역, 굿모닝북스

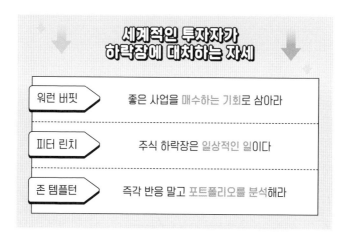

세계적인 투자자가
하락장에 대처하는 자세

워런 버핏	좋은 사업을 매수하는 기회로 삼아라
피터 린치	주식 하락장은 일상적인 일이다
존 템플턴	즉각 반응 말고 포트폴리오를 분석해라

모든 주식을 소유할 수 있다

유행하던 땡초 김밥을 먹었다. 진짜 매운데 이게 중독성이 있다. 앉은 자리에서 두 줄을 먹어 치웠지만 식구들은 손도 안 댄다. 그런데 너무 매워서인지 다음에 또 먹고 싶지는 않다.

남편은 두툼한 돈가스가 들어간 김밥을 좋아한다. 김밥 안에 돈가스가 들어가면 먹을 때 까슬거릴 것 같은데도 그게 좋다고 한다. 딸은 참치김밥이 좋단다. 그럼 결국은 땡초 김밥, 돈가스 김밥, 참치김밥을 사서 먹어야 했다. 입맛도 제각각인데 더 새로운 김밥들이 넘쳐난다. 아보카도가 들어간 김밥도 있고, 밥 대신 국수가 들어간 김밥, 김이 안에 들어가고 밥이 밖으로 나오는 누드김밥도 있고 다이어터를 위한 키토 김밥도 있다고 한다. 39개월 된 둘째에게는 기본 김밥을 아주 작게 말아서 줘야 한다. 시켜줄 수도 없으니 둘째를 위해 재료를 준비하다가 결국 우리가 먹을 김밥을 싸서 먹기로 했다. 단무지에 시금치와 계란, 당근, 햄 넣은 기본 중의 기본 김밥을 좀 많다 싶게 싸 본다. 요즘은 스페셜 김밥을 좋아하니 이건 많이 안 먹으려나 싶었지만 김밥이 금방 다 없어졌다. 역시 기본이 제일 맛있다. 김밥은 역시 오리지널이 최고라며, 다들 잘 먹는다.

주식 투자를 하는 방법 중 제일 기본이고 플레인 한 맛이라면 인덱스 펀드가 아닐까? 지수에 투자하는 인덱스 펀드. 또는 지수형 ETF라면 몇 줄이라도 먹게 되는 기본 김밥 같은 투자법이라면 이해가 쉬울 것이다. 유행은 결국 지나가기 마련이다. 땡초 김밥도 돈가스, 참치김밥도 좋지만 매번 먹으면 질린다. 다른 유행하는 김밥에 자리를 뺏기면 메뉴에서 슬그머니 사라지기도 한다. 기본 김밥은 그렇지 않다. 김밥집마다 가게의 이름을 걸고 있는 김밥이 사라지는 일은 없다. 몇 줄을 먹어도 질리지 않는다. 웬만해선 싫어하는 사람이 없다. 고민할 필요 없이 간단하고 쉽게 먹을 수 있는 것이 기본 김밥이다. 뱅가드 그룹의 창업자인 이 할아버지는 투자에서 필요한 것은 단순함과 상식이라고 한다. 유행 타지 말고 복리를 믿으며 투자해야 한다는 그는 도넛보다는 베이글이 낫다고 말한다. 스페셜 김밥보다는 기본 김밥이 낫다는 것과 일맥상통한다. 맛있고 담백한 김밥 맛을 느껴 보자.

오마하의 현인이라는 그 유명한 워런 버핏도 자신이 죽은 후 아내가 투자를 잘못할까 봐 걱정이 되었는지 아내에게 "재산의 90%를 인덱스 펀드에 투자하라"고 당부했다고 하면 인덱스 펀드에 대한 믿음이 조금 더 깊어질까? 모든 주식을 소유할 방법이 있는데 굳이 잘 모르면서 이것저것 고르지 말자. 10년 만기 저축 보험에 들겠다는 마음이라면 10년이라는 기간을 정한 후 인덱스 펀드나 지수형 ETF에 불입하자. 시장은 결국 우상향이고 당신은 10년 동안 걱정 없이 시장 수익의 복리에 복리를 더한 아름다운 수익률의 계좌를 보게 될 것이다.

여기 여러 가지 맛 좋아 보이는 김밥이 있고, 기본 중의 기본 김밥이 테이블 위에 있다. 당신은 어떤 김밥을 가지고 소풍을 가고 싶은가? 김밥 맛을 잘 모를 때는 기본 김밥이 제일 안전하지 않을까? 주식을 잘 모르겠나면 시수에 투사

해 보자. 기본 중의 기본이지만 수익만큼은 안정적인 시장의 모든 주식을 소유해 보자.

 주식 공부를 위해 내가 읽은 책

《모든 주식을 소유하라》, 존 보글 저/이은주 역, 비즈니스맵

80년 전통 맛집의
투자 레시피

새로운 음식들이 쏟아져 나온다. 로제 떡볶이도 맛있고, 마라탕도 맛있다. 쌀국수도 좋아하고 달콤한 치킨도 좋다. 오늘 하루 특식으로 잘 먹었다고 하지만 동네에서 오래되고 가마솥에 늘 끓고 있는 80년 전통의 할매 순대국밥은 오늘 먹어도 내일 먹어도 맛있다. 이 맛을 왜 잊고 살았나 싶게 오랜만에 먹으면 감동까지 주는 그런 찐한 국밥 같은 책이 바로 여기 있다.

사진만 봐도 유럽에 멋진 예술가 같은 멋쟁이 할아버지 앙드레 코스톨라니. 뜨겁게 사랑하지만 차갑게 다루어야 하는 돈에 대해 열심히 읽고 있을 때쯤 오랜만에 친구에게서

메시지가 왔다. 잘 지내냐며, 서로의 안부를 물었다.

"너 주식하잖아. 요즘 장이 안 좋은데 어때?" 하고 묻는다.

주식은 쳐다보지도 않던 친구가 물어보는 걸 보니 주식하는구나 싶다. 나는 나쁘지 않다고 말하는데 자기는 죽겠다고 아우성친다. 너무 떨어져서 겁나고 무서운데 나는 어떤지 궁금하다고 묻는다. 나는 꾸준하게 올랐고, 나쁘지 않다고 했다. 2020년 가을, 계좌를 만들었다는 친구에게 어떤 종목을 샀는지 물었지만 대답해 주지 않았다. 개잡주를 샀는지, 남들한테 말도 못 할 주식을 왜 샀을까? 지금 장이 안 좋아서 팔지도 못하겠다는데, 지금 장에서 내가 산 주식들은 꾸준히 오르는데 왜 시장 탓을 하는지 물어보고 싶었지만 참았다. 내가 산 종목을 물어보기에 말해줬다.

"대박, 진짜? 대박이네" 하며 수익률까지 물어본다. 손해 보고 있다는 친구에게 말하기 뭐했지만, 그때의 수익률을 말해주니 진짜 부러워서인지, 질투인지 모를 좋겠다, 대단하다는 소리만 연속으로 한다. 자기는 어떡하면 되느냐고, 그제야 종목을 말해주는데 정말 한 번도 들어본 적이 없는 코로나 치료제 관련주라고 한다. 코로나 치료제도 아니고 관련수라고 한다. 코로나 치료제 민드는 회시에 투자하는 회사라는데 재무제표는 잠깐 봐도 별로였다. 이런 재무제표는 아예 쳐다보지도 않던 때라 좀 불안하지 않느냐고, 왜 이걸 샀느냐고 물었더니 남편 친구가 이 회사 주식이 곧 오를 거라고 사두라고 했다고 한다. (남편 친구들은 도대체 어디서 그런 정보만 듣고 오는지 모르겠다.)

많이 들어본 에피소드 아닌가? 지인이 이 정보 너만 알아라, 그 회사 곧 임상한다, 발표한다, 그러니 사두라는 식의 말이다. 진심으로, 진심으로 말하노니, 그 정보를 당신이 들었다면, 당신의 지인이 알고 있다면, 그건 정보도 아니고 아무것도 아니다. 그냥 듣고 흘려야 하는 소리란 말이다. 물론 지인의 입장에선 이 좋은 정보를 자기만 알 수 없으니 당신도 이거 사서 부자되면 좋겠다는 마음일 것이다. 그렇다면 그 사람의 좋은 마음만 받자. 그리고 그날 밤 이 주식을 사야 할지 말아야 할지 고민스럽다면 이 할아버지께 물어보라. 코스톨라니 할아버지, 그 주식을 살까요?

"지금 이 책을 읽고 있는데 너무 좋아. 너도 읽어 봐. 내가 빌려줄게."

친구에게 말했다. 친구는 도서관에서 빌려보겠다며 다른 책도 몇 권 추천해 달라고 한다. 읽을 만한 책 3권을 추천해 주고 도움이 될 거라고 하니, 친구가 고맙다고 인사한다. 그러고는 책 추천도 좋고, 다 좋은데 지금은 뭘 사야 하는지 물어본다. 나처럼 장기투자 할 테니 종목 몇 개 추천해 달라는 친구에게 지금 산 주식부터 정리하라고 했더니 한숨을 쉰다. 손해가 너무 커서 지금은 못 팔 것 같다고, 그러니 그 손해를 메꾸기 위해서라도 수익 날 주식을 콕 좀 집어 달라고 한다. 족집게 1타 강사도, 과외 선생도 아닌 내가 그게 가능할 것 같냐고, 싫은 소리 하고 싶지만 돈 잃은 그 마음은 오죽할까 싶었다. 일단 마음을 다스리는데 책만 한 게 없더라, 손해는 어쩔 수 없다고 생각하라고 했다. 학원 가서 주식 배우며 학원비 냈다고 생각하라며 달래 보았다. 책 다 읽고 나면 나랑 종목 공부 같이해서 투자해 보자고 약속도 했다.

이 친구는 책을 읽었을까?

이후로 친구에게서는 연락이 없었다. 좋은 주식을 사서 수면제를 먹고 몇 년간 자고 일어나면 주식으로 부자도 될 수 있다고 했을 때 친구는 팩폭(팩트 폭격)이라며 맞다고 했지만, 책은 읽지 않은 것 같다. 그 이후 한번도 연락이 없었고, 다 읽은 후 종목 공부 같이하자던 내 메시지에도 답이 없는 걸 보면…. 친구를 잃지 않기 위해서 나는 그때 책 추천이 아닌 종목 추천을 해야 했을까? 어떤 종목을 사야 힐지 몰라 마음이 흔들릴 때면 나는 앙드레 코스톨라니 할아버지에게 물어본다. 그러면 정확하고 뜨끈하고 찐한 정답을 1906년생에게 듣게 된다.

2023년에도 사이다 같이 시원하고 똑 떨어지는 말씀을 듣게 되었다. 뜨겁게 사랑하고 차갑게 다루어야 하는 돈 앞에서 남편의 지인은 어떠한 도움도 되지 않는다. 80년 전통의 코스톨라니 할아버지 정도는 되어야 도움을 줄 수 있지 않을까?

 주식 공부를 위해 내가 읽은 책

《돈, 뜨겁게 사랑하고 차갑게 다루어라》, 앙드레 코스톨라니 저/한윤진 역, 미래의창

06

이 부자(父子)는 진짜 부자

내 어릴 적 꿈은 부잣집 맏며느리였다. 싹싹하고 인사 잘하니 부잣집 맏며느리 될 거라고, 동네 어른들이 그랬다. 예쁘지 않고 투박하고 짧은 손가락을 보면서도 어른들은 그랬다. 부잣집 맏며느리 손이 딱 이렇다고 했다. 그렇게 그들이 만들어 준 내 꿈은 부잣집 맏며느리였다. 맏며느리는 남편이 큰아들이라 가능했다. 부잣집은 시부모님이 노력하셔야 하는 부분인데 지금 생활에 만족해하시는 듯해서 나는 지금 그냥 맏며느리다. 그래도 꿈의 50%를 이루었다.

부잣집 맏며느리가 최고의 칭찬이었던 이유가 있을까? 부모가 부지면 자식도 저절로 부자가 되는 일이 많으니 그렇게라도 내 미래를 응원해 주신 것이리라. 부자는 망해도 3년은 간다지만 3개월도 안 돼서 안 좋은 일로 신문에 실리기도 한다. 설사 3년이 간다고 해도 부자로만 살았던 사람들에게 부자가 아닌 채 산다는 것은 목숨을 끊을 만한 이유가 되기도 했다. 부모님은 부자였지만 방탕한 생활과 사치로 재산을 탕진한 자녀들의 이야기는 너무 흔해서 뉴스에도 안 나온다. 부모님의 상속 문제로 자식 간의 법정 싸움은 이제 재벌들만의 이야기가 아니다.

'부자 부모 = 부자 자녀' 공식은 정답이 아닌 경우가 꽤 많았다.

부자지만 자식들에게 돈만 물려주는 것이 아니라 좋은 생활 태도와 올바른 가치관까지 물려준다면 2대에도 3대에도 그 부를 유지할 가능성이 높다. 우리가 아는 대를 이은 착한 기업들이 그런 부자들이니까. 필립 피셔와 그의 아들 켄 피셔도 그런 부자 투자자들이다. 진짜 부자인 父子 투자자가 그들이다. 아버지 필립 피셔는 주식 책마다 추천해 주는 사람이었다. 위대한 기업에 보수적으로 투자하면 마음이 편하다고 했다. "필립 피셔는 오늘의 나를 만든 스승이다"라고 워런 버핏마저 인정했다. 주머니를 만든 장인의 한 땀 한 땀 중 필립 피셔의 한 땀도 큰 부분을 차지한다. 레트로를 좋아하고 오래된 것이 더 힙하다는 요즘 친구들에게 꼭 권해주고 싶은 레트로 중의 레트로가 이 책이다.

1957년에 썼다고 하기에는 지금 시장에도 너무 잘 맞는 이 책이라면 힙한 수익률을 보여줄 수도 있을 것이다. 고전 중의 고전인 이 책이 좋았다면, 아버지에게 좋은 투자관을 물려받은 아들 켄 피셔의 책도 읽어보자. 주식시장에서 믿는다는 17가지의 미신에 대한 그의 책을 읽는다면 왜 당신만 돈을 잃게 되는지 알게 될지도 모른다. 피셔네 父子는 진짜 부자다. 아버지 필립 피셔는 1928년부터 증권분석가로 일했다. 아들 켄 피셔도 금융사의 대표인 투자자였다. 식당에 가도 아버지와 아들이 대를 이어 하는 집을 찾아간다면, 맞춤 구두를 살 때도 대를 이어 하는 집에 줄을 선다면, 투자자들도 이렇게 대를 이어 하는 집을 찾아가서 읽고 오자. 아버지 이야기부터 먼저 읽어 보자.

부잣집 맏며느리라는 어릴 적 꿈은 내가 꾼 꿈이 아니었다. 어른들이 권하는 꿈이었다. 교사나 의사가 되라는 그런 덕담 같은 말이었다. 그 시절 어른들은 부잣집 딸도 아닌 어린 여자애가 부자로 살 방법은 그것뿐이라 생각하셨으리라. 공부 잘해서 교사나 의사가 될 아이는 아니었으니 다른 길이라도 찾아서 부자 되리는 그 미움은 감시하다. 그러니 이른들에게 미래를 보는 눈이 있어 스스로 돈 벌어서 부자 엄마가 될 수 있다고 말해주었다면 어땠을까? 그랬다면 주식 공부를 조금 더 빨리할 수도 있었겠지.

그렇게 덕담해 준 어른들을 탓하며 책을 펼치니 필립 피셔는 지금도 늦지 않았다고 한다. 부자 엄마가 되기 위해서 꾸준히 공부하고 투자하면 지금도 얼마든지 가능하다며, 남 탓 말고 공부하라고 따끔하게 깨우쳐 준다. 필립 피셔의 덕담을 듣다 보면 우리 집을 부잣집으로 만들 수도 있다는 생각이 든다. 부잣집 엄마가 될 수 있다는 꿈이 생긴다.

부자 모녀가 될 수도 있고, 부자 모자가 될 수도 있다고 기대하게 된다.

주식을 대를 이어가며 할 수 있다는 생각을 처음 하게 만들어 준 책이다. 나는 원래 부자는 아니었지만, 자식과 함께 평생의 부를 설계하게 해 준 책이다.

 주식 공부를 위해 내가 읽은 책

《위대한 기업에 투자하라》, 필립 피셔 저/박정태 역, 굿모닝북스

주식 투자, 이기는 힘

좋아하는 것도 많았고 하고 싶은 것도 많았다. 그래서 시작도 잘하고 즐거워하지만, 마무리까지 가지 못하고 중간에 포기했다. 새로운 관심거리에 한참 마음을 뺏기지만 역시 끝까지 가지 못했다. 그렇게 조금씩 찔러보고 다 아는 척, 다 배운 척했다. 누가 물어보면 그랬다. 그거 해 봤다고, 배워 봤다고, 나 좀 안다고 했다. 그렇게 대답하면서도 조마조마했던 건 더 깊이 물어볼까 봐, 더 많이 물어볼까 봐 두려웠다. 사실은 하다가 그만 뒀다고 말하기는 부끄러웠다.

요리하기 좋아해서 학원에도 다녔지만 자격증 시험 두 번 떨어시고 포기했다. 요리 애기만 나오면 내기 히선정 선생님이나 된 것처럼 아는 체를 했다. 테디 베어, 퀼트를 책보고 만들었는데 제법 그럴 듯했다. 마치 바느질 장인인 것처럼 말했지만 지금은 단추 하나도 귀찮아서 몇 달을 미루다 겨우 단다. 영어 좋아하고 잘해서 영어 선생님까지 했지만 문법에 약하다. 하기 싫은 문법 공부는 유치원 영어 수업에 중요한 게 아니라며, 스스로 배제했다. 회화에 강하다지만 착한 외국인 친구들이 내가 하는 틀린 영어를 잘 이해할 뿐이다. 지켜보는 한국 사람들은 외국인과 영어로 대화한다는 것만으로 영어 잘한다고 생각한다.

나만 알고 있는 나의 부끄러운 모습을 어쩌면 남들도 알고 있을지도 모르겠다. 그저 대놓고 얘기해 주지 않았을 뿐이겠지. 눈치챘겠지만 나는 끈기 없고 싫증 잘 내고, 꼼꼼하지도 성실하지도 못한 사람이다. 주식 책을 읽으며 제일 크게 바뀐 건 끝맺음을 한다는 것이다. 매일 새벽 기상도 하고 신문도 보았다. 그렇게 몇 달을 하다 보니 다른 것도 해 보고 싶어졌다. 영어 좋아하는 내가 영어 책 한 권 정도는 필사 해 봐야지 싶었다. 영어 동화책 《찰리와 초콜릿 공장》을 펼쳤다. 대충 읽었고, 내용도 아니까 이 정도는 쉽겠지, 하고 시작했지만 하면서 그만 둘까 몇 번이나 생각했다. 챕터 30개는 적게는 3장, 많게는 12장까지 되는 분량이었나. 두

달이면 끝날 줄 알았는데 세 달 넘게 걸렸다. 그래도 끝맺음을 했고 마지막 챕터를 쓰며 셀프 칭찬을 하고 얼마나 기뻤는지 모르겠다. 100일 챌린지로 영어 명언 필사도 완주했고, 100일간의 필사 프로젝트도 완주했다. 모두 끝맺음을 할 수 있었다. 자꾸 내가 나를 이기기 시작했다. 세상에서 제일 말 안 듣는 나를 이기는데 누구라도 뭐라도 이길 수 있을 것 같은 자신감이 생겼다. 자꾸 이기고 있었다.

내게 이기는 법을 알려준 책은 《피터 린치의 이기는 투자》였다. 주식서 읽기도 그만하고 싶고 주식 공부가 싫증이 날 때 이 두꺼운 책을 만나서 한 달을 책상에 두고 열어볼 엄두도 못 내고 있었다. 기어다니던 아들이 책에 연필로 낙서를 하더니 찢고 놀았다. 2만 원이 넘는 새 책이 그렇게 헌 책이 되는 게 아까워 읽기 시작했다. 알고 보니 우리 아들이 효자였다. 엄마 책 보라고 그렇게 낙서하며 책을 홍보했던 것이 아닌가 싶다.

돈 잘 벌던 47세에 가족과의 소중한 시간을 갖겠다며 월가의 전설이 되어 떠난 사람.

셜발이 이렇게 해피엔딩인 사람이 좋다. 아무리 많이 벌었다지만 끝은 권총 자살인 사람의 책은 읽고 싶지 않았는데 전설로 떠났다고 한다. 우리가 원하는 해피엔딩이었다. 서문을 읽으며 줄을 몇 번이나 쳤는지 모른다. 시작부터 이런데, 내용은 안 봐도 뻔하다. 뻔하게 좋지만 읽지 않는다면 절대 모를 그 뻔한 '이기는 투자' 이야기다.

주식 잘하고 싶고 장기투자 하고 싶다면 이런 책을 끝까지 읽어봐야 한다. 두껍고 지겨워 보이지만 이 책 한 권을 읽고 나면 장기투자도 할 수 있을 것 같은 마음이 생긴다. 어렵고 두꺼운 주식서를 한 권씩 이기고 나면 주식 투자도 이길 수 있지 않을까 하는 자신감이 생겼다. 장기투자자가 될 수 있다는 자신감이 자란다. 책을 읽고 공부하는 이유는 내년에는, 10년 뒤에는 그때처럼 후회하고 싶지 않기 때문이다.

수익이 안 날 수도 있고, 고점에서 주식을 못 팔 수도 있다. 내가 산 주식이 몇 년 동안 박스권에 있을지도 모르지만 공부하고 산 종목이라면 기다릴 수 있다. 손해가 나더라도 복기하고 실수를 깨닫고 투자 방식을 고쳐나가면 된다. 그때 살 걸, 그때 팔 걸 하는 후회는 하지 않는다. 단타와 트레이딩은 우량주 장기투자를 이길 수 없다. 주식 책을 꾸준히 읽는 이유는, 100권을 넘게 읽고도 아직도 읽는 이유는 주식을 더 잘하기 위해서가 아니다. 소문에 흔들리고 바람에 흔들리는 내 마음을 잡기 위해, 공부를 시작하던 초심을 잃지 않기 위해, 1년에 10% 수익률을 상기하기 위해서였다. 지금 힘이 필요하다면 펼치기만 하면 된다. 홍삼보다 자양강장제보다 나은 이기는 힘이 책 안에 들어 있다.

 주식 공부를 위해 내가 읽은 책

《피터 린치의 이기는 투자》, 피터 린치, 존 로스차일드 저/권성희 역, 흐름출판

주식 투자 고민 해결 책

유행하던 책이 있었다. 고민이 생기면 질문하고 아무 페이지나 펼치면 답이 나왔다. 신기하게 질문에 딱 맞는 답변들이 나온다고 한다.

Q : 회사를 옮겨야 할까?

A : 세상은 당신이 마음먹기에 달려있다.

Q : 그 사람도 나를 좋아하는 걸까?

A : 지금은 한 박자 쉬면서 주변을 둘러보자.

Q : 나 결혼해도 될까?

A : 많은 답이 있을 수도 있다.

펼치고 딥을 읽을 때 친구들은 '그래, 맞아' 했지만 나는 늘 '저게 뭐야' 그랬다. 저런 답은 나도 할 수 있다. 이직을 고민하는 친구에게 정답은 네 안에 있으니 정확하게 네 마음을 알아야 한다고 말해주고, 짝사랑을 고민하는 친구에게 굳이 네가 좋아하는 사람 말고 주변에 너를 좋아하는 사람 찾아서 편하게 연애하라고 했다. 결혼을 앞두고 심란한 친구에게는 해도 고민 안 해도 고민인데 정답이 없다고 말해줬다. 내 답이나 그 답이나 비슷한데, 무슨 마법의 고민 해결 책이란 말인가. 물어볼 사람이 어지간히도 없나보다.

만약 주식 책 중에 이런 마법의 고민 해결 책이 있다면 어떨까?

질문이야 다들 비슷하겠지만 오를 주식을 알려 달라고, 지금 사야 할 종목이 뭐냐고 물어볼 것이다.

좋은 회사를 사서 오래 보유하라는 뻔한 거 말고 정확한 답이 필요하다면 이 책이 바로 그 정답을 알려줄 수 있다. 《주식시장을 이기는 작은 책》은 작은 책이라고 하지만 내용만큼은 작지 않고 이대로만 한다면 이길 수도 있다는 생각마저 들게 했다. 여러 사람들이 이 책을 읽고 그대로 투자하면 주식을 싸게 사는 마법 공식도 사라지지 않을까 싶어 불안하나. 사람들은 마법 공식을 몇 년씩 아니 몇 달씩도 기다리지 못하고 포기하는 경우가 많다며, 저자는 내 걱정을 덜어준다. 주식 책을 읽을 때마다 혹시 다들 이걸 읽고 이 방법으로 주식을 해서 수익이 나면 어쩌나 걱정하던 때가 있었다. 그러나 사람들이 얼마나 책을 안 읽는지, 읽고도 그대로 하지 않는다는 걸 알고 난 후에는 그런 걱정 따위는 하지 않게 되었다.

정말 공부하기도 싫고, 어렵다면 이 공식대로만 해도 수익이 난다고 한다. 퀀트 투자에 대해 알기 쉽고 이해하기 쉽게 풀어준 책이다. 30개의 기업으로 구성된 포트폴리오를 1년 동안 보유하며 감정도 넣지 말고 오직 공식이 하라는 대로만 하면 되는 투자법이다. 뭔가 어려워 보이는 단어들이지만 책은 생각보다 너무 쉽고 이해가 잘 되었다. 저자가 얼마나 공을 들여 쉽게 설명해주려 했는지 느껴질 정도다. 스스로 공부할 자신도 없고, 자기만의 투자 법칙을 만들 준비가 안 되어 있다면 이 책부터 펼쳐 보자. 숫자에 자신 없어도, 계산을 잘 못해도 된다. 하라는 대로만 하면 수익이 난다고 한다. 필요한 건 인내심과 시간뿐이라는데 해볼 만하지 않은가.

자신의 아이들에게 선물로 주기 위해 책을 썼다는 저자. 책의 지직권으로 나오는 인세를 물려주는 것이 아니라, 이 책 안에 있는 방법으로 아이들 스스로 돈을 벌 수 있기를 바란다고 했다. 어느 부모가 자식에게 안 좋은 것을 가르치기 위해 책을 내겠는가. 자기 아이들이 읽고 이렇게 투자하기를 바란다는 글에서부터 믿음이 갔다.

주식 고민을 해결해 줄 수 있는 책을 찾고 있다면 이 책에 물어보자.

 주식 공부를 위해 내가 읽은 책

《주식시장을 이기는 작은 책》, 조엘 그린블라트 저/안진환 역/이상건 감수, 알키

주식으로 100배 버는 법

첫 아이를 키울 때는 조심스럽고 무서워서 그 귀여움과 사랑스러움도 제대로 느낄 수 없었다. 그러나 어느 순간 아이가 말하고, 기저귀를 떼고, 혼자서 학교에 간 것 같다. 둘째는 그나마 나을 것 같았지만 늦은 나이에 낳은 아이는 생각보다 키우기 힘들었다. 이 좋은 시간을 놓치는 것이 안타깝기만 했다. 건강하고 무탈하게만 크면 좋겠다고 하지만 늘어나는 교육비와 양육비에 대학 등록금까지 미리 걱정하게 된다. 혹시 예체능 하겠다고 하면 그 돈을 다 어쩌나, 오만 가지 생각을 하며 기저귀를 치우고 도시락을 씻었다.

금수저는 못 물려줘도 혼자서 학자금 대출 갚아가며 집

도 포기하고, 꿈도 포기하고 살게 할 수는 없다고 걱정하며 잠들기도 한다. 다음 날은 어김없는 육아와 집안일로 어제의 걱정을 잠시 잊기도 한다. 내가 잊고 있다고 해서 미래가 다가오지 않을 수 없듯 아이들이 돈 많이 드는 예체능을 선택할 수도 있다. 집을 떠나 혼자 살면서 타지에서 대학에 다닐 수도 있다. 아이들에게는 나보다 좋은 것을 주고 싶은 것이 부모의 마음이다. 부모는 가난해도 20년, 30년 뒤에 아이들을 부자로 만들어 줄 수 있고, 남들과 다른 출발선에서 시작할 수 있으며, 내 아이가 뒤처져서 출발하지 않아도 되는 방법이 있다. 우리 아이가 남들보다 부족하게 시작해도 상관없다면 이 책은 읽지 않아도 된다.

돌잔치에 들어온 금반지와 돈을 아이에게 준다. 그 뒤로도 여러 해 동안의 명절과 집안 어른들과의 만남에서 아이 주라는 돈을 받게 된다. 아이가 크면 대부분 가져가 버리지만, 미취학 아동들에게 용돈이란 엄마 돈과 동의어일 가능성이 크다. 받은 용돈을 모아서 100배 오를 주식을 찾아주자는 생각을 하게 해 준 책이었다. 100배가 될 주식을 찾아서 투자하는 것이 아니다. 아이가 받은 돈을 10년, 20년 후 지금보다 더 가치가 높아질 것 같은 회사에 투자하는 것이다. 그 주식이 10배, 20배, 100배가 될지 안 될지는 아무도 모른다. 아이가 커서 디자이너가 될지 요리사가 될지 궁금해지고 상상하게 되듯 아이를 위해 사 둔 주식이 어떻게 올라가고, 얼마나 커질지 궁금해지고 상상하게 될 것이다.

　제목이 선정적이면 거르고 안 읽었다. 아무리 주식으로 돈을 벌겠다고 마음먹었지만 선정적이거나 대놓고 돈 벌게 해 준다는 건 꼭 유료 리딩방 같은 느낌이 든다. 다단계 같은 느낌이었다. 이런 제목의 책을 돈 주고 사서 읽는다는 것이 부끄러웠는데 100배 주식이라니…. 10배도 아니고 《100배 주식》이라는 책을 어느 주식 책에서 추천해 주었지만 제목 때문에, 언젠가는 읽어야지 했지만 미루고 미뤘다. '텐버거, 텐버거' 하지만 실제로 가능할 것 같지 않았다.

　100배 주식이 가능하다는 것에 동의하는 데 몇 시간이면 된다. 내가 그 수익을 누리지 못한다면 아이들이 어른이 되어서 누릴 수 있다. 100배 되는 주식은 실제로 존재한다. 진짜다. 100배 주식은 가능하고 생각보다 어렵지 않은 방법으로 누구라도 찾을 수 있다. 이건 정말 비밀이다. 꼭 지켜 주길 바란다. 어디 가서 내가 이런 얘기 했다고 말하면 절대 안 된다는 말이다. 좋은 주식을 찾고, 지루할 만큼 오래 보유하라고 한다. 최소는 10년, 길게는 40년까지 보유한다년

100배도 가능하다고 한다.

지금부터 모든 주식을 살 때 100배 주식을 기대하라는 말이 아니다.

매도를 잘 못하는 나 역시 10년, 20년을 보유할 자신도 없고 그렇게 기다릴 수 없을지도 모르겠다. 아이들 앞으로 산 주식은 매도 후 수익이 나도 재투자하기도 어려워서 사고팔고 할 수 없다. 미성년자는 10년에 2천만 원까지 증여가 가능하다. 2천만 원을 현금으로 그냥 증여해 주거나, 적금을 넣어주거나, 교육 보험을 들어줘도 된다. 혹은 100배가 될지도 모를 주식을 사줘도 된다. 선택은 당신 몫이다. 아이들은 미성년자이고 그 아이들이 20대가 되었을 때 우리 엄마가 사준 그 주식을 고마워할까, 적금이나 보험을 고마워할까? 아이들에게 증여해 줄 주식을 찾고 있다면 꼭 읽어보자. 답을 찾을 수 있는 책이다. 100배 주식을 찾게 해줄 책이다.

 주식 공부를 위해 내가 읽은 책

《100배 주식》, 크리스토퍼 메이어 저/송선재(와이민) 역, 워터베어프레스

10

주식은 이렇게 하는 겁니다

비트코인이 7천만 원을 넘었다고 했다. 그게 뭐지? 동전처럼 생긴 건가?

암호화폐라는데 그걸 뭘 어떻게 주기에, 뭐로 만들었기에 7천만 원이 넘어가나 싶었다. 남들 다 번다니 귀가 솔깃했다. 도서관에 가도 서점에 가도 비트코인이란 이름 들어간 책은 10권도 안 되지만 닥치는 대로 읽었다. 투자해야 했다. 나는 가르마도 바꾼 사람인데 유연하게 비트코인도 투자했다. 책마다 암호화폐의 밝은 미래를 홍보했다. 미래의 금이 비트코인이라며, 우리 아이들은 비트코인 물려받은 아이와 그렇지 못한 아이로 계급이 나뉠 거라고 했다. 불안한 마음마저 들었다. 책으로 주식 공부하던 아주머니는 비트코인 책들을 사서 읽기 시작했다. 도서관에 몇 없는 비트코인 관련 책은 내가 다 빌려와서 공부했다.

비트코인이 4천만 원 할 때 한 개만 사뒀더라면 3천만 원을 버는 거였다. 아쉬워하며 지금이라도 1억이 되기 전에 빨리 사둬야 했다. 2021년 4월 비트코인은 1개가 7천5백만 원이 되었다. 재무제표도 볼 게 없었고, 회사의 미래도 볼 수 없었고, 저가가 언제인지도 몰랐다. 24시간 돌아가는 장에서 내가 산 금액보다 오르면 더 사고, 떨어지면 지켜보고 있었다. 20%, 30% 수익이 나기 시작했다. 비트코인 말고도 좋은 코인이라면 책에서 추천받은 코인들을 이것저것 샀다. 이제 월급이 들어오면 주식 말고 코인을 사리라. 코인으로 돈 벌면 노트북을 바꿔주겠다고 남편에게 또다시 설레발쳤다.

1억까지는 오를 거라던 비트코인은 놀랍도록 빠르게 떨어져서 2022년 3천3백만 원까지 하락했다. 계좌 마이너스는 50% 이상이었다. 이럴 수는 없었다. 그토록 주식 투자의 수익률도 좋고 유연하게 코인에 투자했는데 아무리 코인은 낙폭의 제한이 없다 해도 이건 너무했다. 자존심이 상하고 공부하며 읽은 책이 아까웠다. 비트코인으로 테슬라에선 차도 살 수 있게 한다더니, 팔이버린 일론 머스그기 김정온 같고 트럼프 같았다.

아, 문제는 그거였다. 처음 주식했을 때의 그 마음으로 코인을 했다. 몇 배 벌어서 부자 되려고 코인 했으니, 매도 기준도 매수 기준도 없이 들어갔으니, 이렇게 비참한 성적표를 받게 된 것이다. 누굴 탓하랴. 진짜 손가락이라도 끊어야 멈추는 도박처럼 내 손가락을 끊을 수도 없을 노릇이었다. 이번에 손해난 250만 원은 어쩌나. 그나마 코인은 위험할지도 모르니 500만 원 이상은 넣지 말아야지 했던 건 신이 아직 나를 버리지 않아서가 아니었을까?

코인 계좌를 덮어두겠습니다.

당분간은 보지 않겠습니다.

장기투자로 애들한테 물려주겠습니다.

반성하고 있는데, 나 보라고 지은 제목 같았다.

《주식은 그렇게 하는 게 아닙니다》

그래도 주식만큼은 자신 있다고 생각했는데 코인에서 마이너스야 수험료를 냈다고 쳐도 주식 공부 처음 할 때의 초심이 연필심보다 더 얇아지고 있었다. 제목을 보고 알았다. 수식도 그렇게 하는 게 아니고 코인도 그렇게 하는 게 아니라는 걸, 그냥 내가 하는 게 다 틀렸다는 걸 이렇게 따뜻하게 말해 주다니. 네기 이 책을 조금 더 빨리 읽었디라면 고

인으로 손해도 안 봤을까? 겨우 40년 남짓 주식장에서 일을 했기에, 책을 내기가 불편했지만 주식 잘하는 책을 낸 것이 아니라고 한다. 그러면 왜 책을 냈을까? 투자자들의 행동 양식, 특히 멘탈 관리 측면에서 이 책을 냈다고 한다. 멘탈 관리라면 지금 내게 피부 관리보다 더 필요한 그것인데 말이다.

그래, 다시 주식이다. 코인은 잊어버리고 주식을 다시 열심히 공부해 보고자 읽은 책이었다. 이 책 덕분에 나는 아직 코인을 보유하고 있고, 계좌는 마이너스지만 평단가를 낮추기 위해 꾸준히 매수하고 있다. (2023년 현재 비트코인은 4천만 원 정도다. 꾸준히 매수한 덕에 내 평단가는 4천만 원 후반이다. 비트코인이 평단가보다 높아지면 그때부터는 매수하지 않고 기다릴 작정이다. 10% 이상의 수익이 나면 분할 매도하며 지켜볼 것이다.) 나는 이제 비트코인으로 빨리 돈을 벌어야겠다는 마음을 버렸다.

다시는 비트코인 안 하겠다는 사람이나 다시는 주식 안 하겠다는 사람이나 시작은 같은 마음이었다. 이것으로 몇 배를, 이것으로 부자를 생각했기에 오르고 오른 장에 올라탔을 것이다. 오르면 팔고 떨어지면 사라는 기본 중의 기본도 안 지켰으면서 이렇게 내 돈을 지키겠다는 긴지. 그렇게 하는 게 아니라고 호통이라도 칠 줄 알았는데 너무 따뜻하게 온화하게 말해 준다. 내 욕심이 그렇게 만들었다고, 작은 수익에 감사할 줄 모르고 건방 떨어서 그렇다고 말해 준다. 선생님 혹시 코인도 하시나요? 코인장에도 선생님 말씀은 다 들어맞네요. 아니, 인생 어디에서도 꼭 맞는 맞춤옷 같은 말씀입니다.

 주식 공부를 위해 내가 읽은 책

《주식은 그렇게 하는 게 아닙니다》, 한세구, 쌤앤파커스

11

고소득이라는 노예 생활

지금부터 눈을 감고 생각해 보자. 진짜 부자의 조건은 뭐가 있을까? 내가 사는 도시 제일 중심가에서 새로 지은 고급 아파트의 대형 평수에 살아야 한다. 외제 차를 타고 다녀야 하고, 집안일을 도와주는 사람도 마음껏 쓸 수 있어야 한다. 취미로 하고 싶은 것들을 하고 식사 한번 하는데 몇십만 원을 써도 부담스럽지 않아야 한다. 사고 싶은 물건이 있으면 가격은 신경 쓰지 않고 살 수 있어야 한다. 이 정도면 부자라고 해도 되지 않을까?

내가 생각하던 부자의 모습도 비슷했다. 아침에 일어나면 바다 보이는 고층 아파트에서 커피를 마시고 외제 차를 타고 호텔로 브런치를 먹으러 가고 명품 가방도 쉽게 사는 삶. 그런 부자가 되고 싶지만 그건 꿈이라고 생각했다. 맞다. 그건 꿈이다. 꿈을 깨게 해준 건 이 책이었다. 대형 평수, 고급 아파트의 대출금을 내기 위해, 외제 차의 할부금을 내기 위해, 도우미의 월급을 주기 위해 돈을 버는 부자가 되지 말아야지. 청소하기 편한 작은 집이면 족하고 취미는 책 읽고 글쓰기로 충분했다. 식사 한번에 몇십만 원을 쓸 바에야 그 돈을 아껴서 기부하고 싶어졌다. 이 물건이 꼭 필요한지를 생각하고 몇 번이나 쓸 건지를 생각하면 딱히 갖고 싶은 마음도 없어졌다.

《진짜 부자 가짜 부자》를 읽고 나서 내가 생각하는 부자의 조건은 그렇게 바뀌었다. 사경인 회계사는 주식 좀 한다는 사람들은 다 안다는, 증권맨을 가르치는 1타 강사였다.

회계사니까 재무제표도 볼 줄 알겠고, 주식은 당연히 잘하겠지 싶었다. 그러나 현실은 그렇지 않단다. 회계사 중에도 주식해서 망한 사람도 있고, 주식은 쳐다보지도 않는 사람도 있다고 한다. 의사라고 다 건강하게 만수무강하지 않은 것과 같다.

그러나 분명 회계사라는 직업은 주식 투자에 도움이 될 것이나. 재무제표를 더 꼼꼼히 볼 수 있고, 회사의 재정 상

태를 더 정확히 알 수 있을 것이다. 자신의 직업이 주식 투자에 도움을 줬을 수 있지만 그게 다는 아니었다. 책을 읽다 보니 삶을 대하는 태도, 주식 투자하는 마음이 그를 부자로 만들어줬구나 싶었다.

《재무제표 모르면 주식투자 절대로 하지마라》를 읽고 나서 이 책은 절대 추천하지 않겠다고 마음먹었다. 이 책대로 만 하면 누구라도 수익이 날 것 같았다. 나만 알고 싶은 커닝 페이퍼처럼 몰래 숨겨놓고 보고 싶은 책이었다. 너무 유명한 책이라 숨겨 봐도 숨겨지지 않았고, 사람들이 다 따라 해서 다들 수익이 나면 어쩌나 조마조마했다. 책 읽고 주식하는 사람들은 내 주변에만 없는 건지 대부분 그 책을 보지 않고 주식을 했고, 수익은 나지 않았다. 그때부터였다. 이 어려운 재무제표를 공부해야 한다는 걸 알게 되었다. 이게 전부가 아닐지도 모르지만 회사를 제일 투명하게 보여주는 것이 재무제표라는 생각이 들었다. 재독, 삼독 했지만 계산하는 부분에선 아직도 헷갈리고, 모든 걸 책 대로 할 수는 없었다. 그래도 주식 책 추천을 부탁하는 사람에게는 꼭 권하는 책이다.

그런 숫자쟁이 회계사가 돈 공부에 대한 책을 냈다고 하니 궁금했다. 이 사람은 얼마나 벌어서 어떻게 실고 있을까? 분명 엄청난 부자일 텐데 자산이 얼마인지, 한 달 수입은 얼마인지 궁금했다. 현금과 부동산 자산의 비율은 얼마나 되는지, 진짜 부자는 얼마나 있어야 하는지, 가짜 부자는 그러면 얼마나 있어야 가짜가 되는지 궁금했다.

그는 집이 없다고 한다. 10년이 넘은 국산 차를 타고 다니는데 소득은 회계사 일을 주로 할 때보다 절반이나 줄었다고 한다. 그런데 지금이 더 부자라니, 이 해괴망측한 논리를 내가 반드시 깨부수리라. 마음이 행복하면 부자다 같은 이야기라면 책값을 환불받으리라. 오만 가지 독설을 퍼부은 리뷰를 달아 주겠다고 다짐하며 책을 펼쳤다.

한 달 살기를 핀란드로 갈 때 필요한 것은 '아내의 허락' 뿐이라는 프롤로그를 보는데 깨부술 논리가 없을 것 같았다. 일을 하지 않고도 먹고사는 데 지장이 없는 게 진짜 부자라는 소리에 동의하며 책값을 두 배로 받지, 왜 이렇게 조금 받나 싶었다. 칭찬의 리뷰를 달았다. 진짜 부자와 가짜 부자를 구분하는 법을 정확하게 알게 해준 책이었다. 내가 되고 싶은 부자가 진짜 부자인지 가짜 부자인지 선택하는 법을 정확하게 알게 해준 책이었다. '당신이야말로 진짜 부자군요.' 인정할 수밖에 없었다.

보이는 부자, 일하는 부자는 진짜가 아니었다. 안 보이는 부자, 일 안 하는 부자가 진짜였다. 남들 보기에 부자로 살기 위해, 더 벌기 위해 일하는 가짜 부자로 살고 싶지 않았다. 남들이 보기에 어떻든 덜 벌어도 행복하게 사는 진짜 부자가 되고 싶어졌다. 통장 잔고에 찍힌 숫자로 행복을 줄 세우는 줄 알고 나보다 많은 숫자가 있는 사람은 더 행복한 줄 알았다. 뭐가 진짜고 가짜인지도 모르고, 그저 부자만 되고 싶었던 나를 반성하게 해주었다.

자신이 하고 싶은 일을 하면서 가족과 많은 시간을 보내고 제주도에 살고 있다는 사경인 회계사는 최고급 아파트에 외제 차를 타지도 않지만 분명 부자다. 읽고 나면 나도 이런 부자 하고 싶다는 생각이 절로 든다. 진짜 부자가 되고 싶은 사람이라면 꼭 읽어보고 진짜 부자가 되어 보면 좋겠다.

 주식 공부를 위해 내가 읽은 책

《진짜 부자 가짜 부자》, 사경인, 더클래스

Chapter 05

<주식 어린이기>
그래프 못 봐도
주식 투자 잘하는 법

01
경공주가 되어
사람들과 연결되다

세상에는 많은 공주가 있다. 백설 공주, 인어 공주, 경공주.

백설 공주와 인어 공주는 왕자님이 그녀들의 해피엔딩을 좌우하지만 경공주는 스스로 해피엔딩을 만들 수 있다. 아니 만들어야 했다. 어떤 공주를 택하겠는가? 아주머니라면 왕자님에게 기대지 말고 스스로 헤쳐 나가는 쪽을 택하자. '경제 공부하는 아주머니'들 경. 공. 주. 를 택하자.

주식을 제대로 공부하자고 마음먹으면서 필요한 건 내마음을 다잡아주며 함께 공부할 사람들이었다. 인스타에 꾸준히 주식 책 리뷰를 올리긴 하지만 어려운 주식 책을 자세하게 리뷰했다간 몇 없는 친구들도 도망갈 판이었기에 같이 파헤치고 공부할 수 있는 오프라인 동지들이 필요했다. 내가 모르는 걸 알려주고 서로에게 도움이 될 주식 스터디가 필요했다.

처음 주식을 시작했을 때 온라인 주식 모임에 가입했다. 몇 달 지나지 않아 지역모임을 한다고 해서 오프라인 모임에 참석하게 되었다. 10명 중 7명이 남자들이었다. 어려운 용어를 쓰며 음봉과 양봉이 이런데 지금 종목을 사는 게 맞다고 하며, 데드 크로스와 골든 크로스에 대해 나에게 말하는데 정말 하나도 못 알아들었다. 딱해 보이는 아주머니를 도우려는 그들의 마음은 가상했지만 나는 차마 하나도 못 알아듣겠다는 말은 못 하고 그 모임에 나가지 않았다. 자연스럽게 온라인 모임에서도 빠지게 되었고 그렇게 주식은 혼자만의 공부로 외롭지만 도움 없이 해 나가야 했다.

아주머니가 되서 겁이 없어진 것인지 주식 공부를 하면서 겁이 없어진 것인지 모르겠다. 같이 공부할 사람을 스스로 찾기로 했다. 주식 투자를 위해 정보를 나눌 수 있는 사람을 찾아야 했다. 모임을 만들고 리더를 해 본 적은 없지만 용기를 내야 했다. 낯선 모임에 참석하는 것도 어려웠지만 용기를 내서 지역 맘 카페에 글을 올렸다.

'주식 공부 같이하실 분, 딘타나 차드매매 말고 책 읽고

우량주 장기투자로 재무제표 공부하실 분.'

　생각보다 많은 분들이 댓글을 달아줬다. 그때의 주식장은 사기만 하면 오르는 중이었다. 대한민국에서 주식 안 하는 사람이 없었다. 하지만 주식으로 돈 좀 벌어보려던 아주머니들은 종목 추천이나 단타가 아니라 꾸준하게 공부하는 내 방식에 난색을 보였다. 책을 읽어야 한다고, 공부를 해야 한다고 하니 우수수 나뭇잎 떨어지듯 빠졌다. 자기랑은 안 맞겠다며 그만 두고, 주식 책을 읽자고 하니 인사도 없이 그만 뒀다.

　나는 이런 사람들 넉분에 앞으로도 주식으로 돈을 벌겠구나 싶었다. 공부 없이 주식하는 사람들, 돈을 벌겠다는 마음으로 주식을 사는 사람들, 주식으로 부자 되고 싶다는 사람들이 있는 한 내 투자는 성공하겠다고 생각했다. 공부하며 돈을 잃지 않겠다는 마음으로 주식을 사고, 부자가 되기 위해서는 노력과 시간이 필요하다는 것을 아니까 말이다. 내 방식이 느리고 답답하다며, 그만둔 아주머니들은 지금 어떻게 되었을까? 주식으로 부자가 되었을까? 자신과 맞는 방식을 찾아서 수익을 내고 있을까? 그들이 맞는 방식을 찾아 투자가 성공해서 수익을 내고 있으리라 믿고 싶다.

　책 읽고 공부해야 하는 딥딥하고 느린 내 방식을 마음에 들어 하는 아주머니들도 있었다. 7명이 모여 있던 단톡방에는 나를 포함해 3명이 남았다.

'어차피 코로나로 많이 모이지도 못하고 괜찮아. 소수정예도 좋아.'

이런 생각으로 모임 장소로 가며 어떤 사람들일지 상상했다. 태어나서 처음으로 모임을 만들고 리더가 되었다. 남자들도 하기 어렵다는 주식을 하기 위해 아주머니들이 모였다.

2021년 봄 경공주는 그렇게 탄생했다.

오합지졸 경공주 - 1기

만나기로 한 장소에는 공부 잘하게 생긴 모범생 느낌의 그녀가 기다리고 있었다. 말투도 차분하고 목소리도 여성스러웠다. 육아 휴직 중이라는 간호사는 삼성전자 주를 샀고, 몇 종목을 사고팔고 있으며, 올해 초 처음으로 주식을 시작했다고 했다. 삼성 샀으면 뭐 그래도 위험한 투자는 안 하겠구나 싶었다. '다행이네, 잡주는 안 샀네.' 속으로 말했다. 조금 이야기하다 보니 리딩방으로 종목을 사고팔고 있다고 한다.

"리딩방? 유료 리딩방요?"

내가 물었더니, 해맑게 웃으며 아바타처럼 사라면 사고, 팔라면 파는데 수익률이 나쁘지 않다고 한다. 저 순진한 경공주를 어쩐단 말인가?

'저 사람은 모델인가?' 싶은 생각이 들 정도로 큰 키와 세련된 스타일의 그녀는 전업주부라고 했다. 치킨값 정도 벌기도 하고, 소고깃값 정도는 번다며 시원하게 웃으며 말했다. 사고팔고 하는데 이게 꽤 재밌고 수익률도 좋다며, 그녀 역시 올해 초 계좌를 열었다고 한다. 적은 수익에 만족하나보다 생각하며 뭐 그럴 수 있지, 하는데 운용 자금이 억대다.

"억? 몇억이라고요?"

"네. 하하. 친정아버지 계좌도 제가 관리하고 있거든요. 하하하."

그걸로 치킨이랑 소고기 사 먹을 돈을 번다고 한다. 그녀도 꾸준하게 오르는 주식을 보며 하길 잘했다고 하는데 이해맑은 경공주는 또 어쩐단 말인가?

나라고 별다른 거 없지만 그래도 책 몇 권이라도 읽고 신문 몇 장이라도 먼저 본 내가 나았다. 그렇게 1년을 같이 공부했다. 오합지졸 경공주는 재무제표를 공부할 때는 최대한 쉽게, 초등학생도 이해할 수 있게, 누구라도 알 수 있도록 용어들을 정리했다. 용어가 어려우면 우리 식으로 풀어서 쉽게 이해하고자 했다. 공부할 부분이 많으면 나눠서 공부했다. 마음에 드는 종목을 발견하면 같이 시켜보며 내수를 고민했다. 매수와 매도를 단톡방에 공유하며 반드시 분할로 사고팔 자며 서로의 감시자가 되었다. 서로 보유 종목이 오르면 기뻐해 주었고, 미국 주식과 부동산정보까지 같이 공부하고 공유하며 우리는 명실상부 경공주로 1년을 지냈다. 모자란 부분은 같이 채우고 실수하지 않게 잡아주며 함께했다.

리딩방을 끊고 우량주 장기투자를 하게 된 간호사 경공주는 좋은 주식 영상과 책을 추천해 줬다. 언니가 읽기엔 쉬울 거라며, 빌려주는 그녀의 주식 책들은 입시생이 공부했다고 해도 믿을 만큼 화려하게 밑줄이 그어져 있었다. 재무제표의 어려운 부분을 그녀와 이야기하다 보면 나보다 낫구나 싶을 때가 여러 번 있었다.

2021년 꾸준히 2차전지 관련주가 좋아 보인다던 그녀 덕분에 2023년에는 보유하고 있던 2차전지 대장주를 600%가 넘는 이익을 보고 팔았다. (3주 샀어요. 2차 전지가 뭔지도 몰라서 조금만 샀어요. 그래요. 지금 후회하고 있답니다. 왜 30주를 안 샀는지, 300주를 샀더라면 인생이 바뀌었겠지요. 그런데 그거 아세요? 저한테 추천해 준 간호사 경공주는 안 샀다네요. 얼마전 전화 통화하며 고맙다고 했어요. 덕분에 수익 많이 났다고요. 자기는 왜 안 샀는지 모르겠다고 후회하는 경공주를 보며 3주라도 샀던 저를 칭찬했어요.) 복식해서 이제는 명예 경공주로 남은 1기 간호사 경공주를 보며 많이 배웠다. 부동산 공부도 열심히 하는 그녀를 보면 안정적인 직업을 가지고도 자본가의 꿈을 꾸는 게 멋졌다. 그녀의 꿈은 실현 가능성이 높아 보여 오래 알고 지내야겠다고 혼자서 다짐했다.

몇억을 주식 계좌에 넣고 사고팔고 하던 경공주는 현금 보유 50%가 중요하다는 걸 절실히 깨달았다고 했다. 현금이 모두 주식으로 있으면 주가가 하락할 때 불안하고 하락한 주식을 매수할 돈이 없으니 안 되겠다고 했다. 그녀는 수익 가능성이 있는 주식들을 추천해 줬다. 주식 처음 시작하던 나처럼 배당주에는 관심도 없어 하더니 이제는 고배당주 이야기만 나오면 눈이 동그래지고 귀를 쫑긋 세우고 듣는다. 그녀만의 감을 살려 종목을 고르고 기다릴 줄도 알게 되었다고, 시원하게 웃는다. 치킨값, 소고깃값이 아니라 배당금 주는 주식을 사서 안전하게 안정적으로 주식을 해야겠다는 그녀가 모델보다 멋져 보였다. 두 사람 모두 추천해주는 책을 참 열심히 읽었고, 종이신문까지 읽으며 자기만의 투자 방식과 룰을 만들어 가고 있다. 이제는 모임에서 내가 알려줄 것보다 배울 것이 더 많아졌기에 그때마다 생각한다. 사람은 연결되어야 하고 만나야 한다. 누구라도 스승이고 배울 점이 있다.

십시일반 경공주 - 2기

아직도 코로나가 유행 중이었다. 그들 중 한 명이었던 나는 새로운 경공주를 만나보고 싶었다. 1기 경공주가 어떻게 소문이 난 건지 2기를 모집한다는 맘 카페의 글에는 댓글이 20개가 넘게 달렸다. 마감한다는 댓글을 달자 쪽지도 몇 개 왔다. 자기는 꼭 주식 공부를 해야 한다거나, 왜 내가 산 주식만 이렇게 떨어지는지 모르겠다며, 개인적으로 알려주면 사례하겠다고 했다. 2022년 봄에는 주식장이 파랬다. 주식으로 큰돈 좀 벌어 보자며 겁 없이 주식장으로 뛰어든 아주머니들의 얼굴도 파래졌다. 내 계좌도 물론 파랬지만 나는 자신 있었다. 배당주, 우량주가 있는 계좌니까 팔지 않을 자신이 있었다.

그러나 공부 없이 주식을 산 사람들은 달랐다. 파랗게 질린 얼굴로 주식장이 망했다고, 역시 주식은 하는 게 아니라고 했다. 그래서인지 2기 경공주는 서로 하겠다는 분위기였다. 공부해야 하고, 책도 많이 읽어야 한다고 했지만 겁먹지 않았다. 오프라인 모임에 참석 못 하는 사람은 뺐다. 카톡으로도 느껴지는 말투가 있다. 불평불만이 많은 사람은 정중하게 거절했다. 댓글을 달아놓고 하루 종일 답을 주지 않는 사람에게는 기회가 없었다. 신중하게 고민해서 4명을 초대했다. 1기 모델 같은 경공주와 나, 새로 초대한 4명까지 2기 경공주가 되었다.

공인중개사라고 했다. 그런 직업을 가졌다면 경제 전반에 대해 모르는 것이 없고 주식도 잘할 것 같은데, 아니라고 했다. 주식은 완전 초보라며 잘 가르쳐 달라고 겸손하게 인사하는 부동산 전문 주식 초보 경공주.

칼단발머리를 하고 나온 그녀는 차도녀처럼 보였다. 공부를 시작하기도 전에 고백했다. 잡주도 많이 사고, 코인은 비트코인 빼고 다 샀다고 한숨을 쉬었다. 공부를 시작하자 모르는 건 묻고 또 물어보기 시작했다. 올해 제일 잘한 일이 경공주에 들어와서 공부한 거라고, 연말에 고백하면 열공의 경공주.

그녀와는 안 친해질 것 같았다. 조금 이야기해보니 주식에 대해 나보다 훨씬 많이 알고 있었다. 주식을 시작한 지도 나보다 오래되었고, 수익도 많이 본 것 같았다. 잘난 척하지 않는데 잘난 척하는 것처럼 보였다. 나와는 나이 차이도 많이 나고, 주식 투자 방식도 달라서 안 친해질 줄 알았다. 그녀는 나보다 한참 어리고 투자 방식도 다르지만 배울 점이 너무 많아 가끔은 언니라고 부르고 싶은 걸 참느라 애썼다. 같이 공부하며 부모님의 고향이 같고, 본관이 같다는 걸 알게 된 후 '피의 맹세를 하자, X 동생이 되어 달라'는 말로 어떻게든 더 친해지려 애쓰고 있는 똑쟁이 경공주.

경공주 2기는 나 포함 5명이 되었다. 독수리 5형제처럼 든든했다. 같이 고민하고 싶은 종목이 있으면 공부해서 의견을 나눴다. 한 달에 두 번 오프라인에서 만났다. 주식 책을 교환하고 종이신문을 가져와서 같이 읽었다. 아주머니들끼리 모여 남편 욕, 시댁 욕이나 할 거면 모이지 말라고 하던 남편들도 이 모임에는 긍정적이었다. 남편보다 주식에 대해 더 많이 알기 시작하자 주식에 대해 묻는 남편도 있다고 했다.

'이 종목은 어떻게 생각하느냐, 모임에서 이 종목에 대해 공부한 적 있느냐'며 부부끼리 주식에 대한 대화를 주고받는다고 했다. 모여서 생산적인 공부를 하는 건 좋지만 보수적으로 투자하는 방식은 답답하다는 남편도 있었다. 우리는 돈을 벌려고 공부하는 게 아니라 잃지 않으려고 하는 거라고 전해 달라고 했다. 초보 아주머니들이 모여 공부하는데, 돈을 많이 벌 욕심은 없다고, 잃지 않는 투자를 하다 보면 돈도 벌 거라고 했다. 남자들의 투자 방식보다는 느리고 답답해 보여도 우리에게는 이 방식이 '딱'이라고 했다. 2기 경공주들은 그렇게 조금씩 공부하며 성장하고 있었다.

대기만성 경공주 - 3기

아주머니들을 위한 주식 책을 쓰기 위해 출판사와 계약했다는 소문이 났다. 내가 여기저기 자랑하고 다닌 것도 있지만 두 번째로 쓴 책이 먼저 출간되면서 그 소문이 날개를 달고 멀리멀리 퍼졌다. 동네 아주머니들은 주식 좀 알려달라고 했다. SNS 이웃 중 다른 지역에 사는 사람은 왜 유료 모임을 하지 않느냐고 했다. 지금 하고 있는 모임을 유료 모임화 하라고 했다. 만날 때마다 회비 만 원씩 내서 음료 사먹고, 남은 돈으로 송년회하고 기부도 한다니 그런 건 유료 모임이 아니라고 했다. 모임을 만들어서 주식을 가르쳐주는 내가를 받는 유료 모임을 하라고 했다. 그냥 알려주기에는 아깝다며, 안타까워했다.

'얼마나 받을 수 있을까? 돈이 될까?' 잠깐 고민하다 퍼뜩 정신을 차렸다. 경공주 모임은 내가 가르치는 모임이 아니다. 다 같이 공부하는 모임이었다. 그러니 이 모임에서 투자로 성공했다고 수수료를 받지도 않지만 실패했다고 해서 원망을 듣지도 않는다. 모든 투자는 자신의 결정이기 때문이다. 그러나 유료 모임을 만들고 돈을 받는다면 어떨까? 그 투자가 성공해서 수수료를 받을 수 있다면 좋겠지만, 실패했다면 그 책임은 어떻게 진단 말인가. 대가를 받는 유료 모임을 하라는 말에 흔들렸던 내가 한심했다.

지금처럼 경공주를 이어가기로 했다. 경공주 3기 2명을 모집한다는 글에는 30개가 넘는 댓글이 달렸다. 추리고 추려도 10명이 넘었다. 한 명씩 개인적으로 이야기를 나누었다. 진짜 잘할 수 있는지, 성실하게 공부할 수 있는지 물었다. 같이 하고 싶어 하는 사람들이 많아서 다 모실 수는 없으니, 중간에 그만둘 생각이면 시작하지 말아 달라고 했다. 그렇게 또 추리고 추렸다. 아무리 겁을 줘도 3명은 꼭 같이 하고 싶다고 했다. 책도 읽고 공부도 해야 한다고 해도 할 수 있다고 했다. 경공주 3기를 처음 만난 날 올해 버킷리스트가 경공주에 들어와 공부하는 거였다고 말하며 김격스리

워하는 이가 있었다. 차트와 그래프와 수급을 보며 주식을 사고판다는, 전문가처럼 보이는 사람도 있었다. 그리고 처음 적은 돈으로 주식을 시작했다는 초보자도 있었다.

아이들이 주식 모임 어땠는지 물었을 때 '너무' 재밌었다고 말했다는 올해의 버킷리스트 하나 달성한 유쾌한 경공주.

재무제표나 주식 관련 기사만 보고 있는 우리에게 차트와 그래프도 봐야 한다고 했다. 1000% 수익도 봤지만 손해도 봤기에 공부해서 손해를 만회하겠다며 시크하게 웃는 차트리스트 경공주.

아직은 매수와 매도라는 글자도 어렵다더니 혼자서 주식 공부한 공책을 펼치는 순간 놀랐다. 논문을 준비 중인가 싶을 만큼 꼼꼼하고 빽빽하게 채우고 노력하는 성실한 경공주.

3기까지 이어온 경공주들은 만나면 주식 이야기를 꺼내기 바쁘다. 경제 기사에 대해 이야기하고 가능성 있는 종목을 공유하며 눈을 반짝거렸다. 기본적인 재무제표나 주식 용어, 부동산이나 코인 등의 다른 투자 종목도 같이 공부했다. 모임 때마다 나는 공부할 질문을 정했다. 2주에 한 번만나서 공부하다 보니 실문을 다양하게 만드는 것도 보통

일이 아니었지만 어떤 답이 나올지 궁금해서 더 재밌고 도움이 되는 질문을 만들고자 노력했다. 경공주의 공부 주제 중 몇 가지를 소개해 본다.

- 은혜 갚고 싶은 사람에게 권해주고 싶은 주식은?
- 원수 갚고 싶은 사람에게 권해주고 싶은 주식은?
- 친정엄마가 맡긴 1,000만 원을 1년 동안 투자한다면 사고 싶은 주식은?
- 연말에 안 사서 후회할 것 같은 주식은?
- 주식 초보 경공주에게 추천하고 싶은 주식은?
- 안 사길 잘했다 싶은 주식은?
- 안 사서 후회된다 싶은 주식은?
- 사길 잘했다 싶은 주식은?
- 사서 후회된다 싶은 주식은?
- 최근 본 경제 기사 중 가장 기억에 남는 것은?
- ○○종목은 사야 할까? 사지 말아야 할까? (두 그룹으로 나눠 찬반 토론)

아주머니들은 차트나 그래프로 공부하는 것보다 문학적인 질문을 더 잘 이해했다. 은혜 갚을 사람에게 추천할 주식이라면 내 돈 주고 사는 것보다 더 안정적이고 조심해서 골랐다. 원수 갚고 싶은 사람에게는 섣으로 좋아 보이고 금방 상승할 것 같은 테마주나 급등주를 골라왔다. 그리고 원수에게 권한 주식이 상승하면 어떡하느냐며, 깔깔거리고 웃기도 했다.

어려운 주식 공부도 경공주가 모여서 같이하면 즐거웠다. 이렇게 모여 즐겁게 주식 공부할 수 있어서 고맙다는 경공주들의 인사에 내가 더 고마웠다. 별것도 아닌 질문에 열심히 공부해 오고 즐겁게 이야기를 풀어주었다. 모임에서 여러 번 언급된 종목은 다들 조금씩 매수하기 시작했다. 그리고 모임에서 좋은 종목이라고 추천된 종목은 대부분 상승했다. 1년 만에 100% 이상 상승한 종목도 있었다. 증권사직원, 전업투자자보다 경공주가 더 믿음직스럽다.

주식은 혼자서 주문 창을 보고 사고팔면 된다. 유튜브나 책을 읽으며 혼자 공부하면 된다. 종이신문이나 방송을 보면서 혼자 종목을 찾으면 된다. 그렇지만 가능하다면 사람들과 연결되어 같이 공부해 보기 바란다. 온라인 모임도 좋지만 이왕이면 오프라인 모임에서 말이다. 그런 게 무슨 의미가 있느냐, 재무제표만 보고, 차트만 보고 사도 되지 않느냐고 할지도 모른다. 하지만 주식도 결국 사람이 하는 일이고, 그래서 다른 사람의 의견과 취향을 알아서 나쁠 것은 없나. 백시장 낯들기를 한다면 10년 혹은 평생을 해야 할 주식 공부가 덜 어렵지 않을까?

경공주가 맞들어 준 백지장 덕분에 나는 이렇게 책까지 쓸 수 있게 되었다. 그러니 당신도 찾아보시라. 맞들어 줄 누군가를…. 함께 공부하며 수익을 기뻐해 줄 수 있는 좋은 친구가 있다면 주식 공부라는 어려운 길도 가 볼 만한 길이 될 것이다.

투자 룰을 세워보자

결혼 전 소개팅을 나가면 내 마음에 드는지 안 드는지 잘 모를 때는 이렇게 결정을 내렸다.

주말에는 맥주를 마시며 미드 보는 게 최고의 낙이었으니 '이 남자와 노는 게 재밌을까? 집에 가서 맥주 마시며 미드 보는 게 재밌을까?' 추측했다. 그러면 답이 딱 나왔다. 미드 생각이 안 나는 사람이면 밥 먹고 차 마시고 놀면 되는 거였다. 내가 내 마음을 잘 모를 때는 이렇게 딱 룰을 정하는 게 좋았다. 긴가민가할 때는 그 룰에 따라 움직이면 되었다. 간단했고 심플했다.

가끔은 맞는 것 같기도 하고 아닌 것 같기도 한 사람을 만날 때가 있다. 같이 사는 남편은 별 재미도 없었는데, 하도 좋다고 매일 졸졸 따라다니기에 같이 다니다 보니 재밌어졌고 결혼까지 하게 되었다. 미드를 보러 갔어야 한다는 후회는 지금 해 봐야 늦었다는 건 알지만….

제대로 주식 투자를 해야겠다고 생각했을 때 룰이 필요했다. 이 주식을 사느니 현금을 보유하겠다는 마음이 든다면 깨끗하게 포기할 수 있는 룰이 필요했다. 사람들이 분명히 오를 거라고 했지만, 주식방송은 지금이 주울 때라고 했지만, 내 룰에 걸러지는 주식이라면 믿고 사지 말아야 했다. 남자 보는 눈이 사람마다 다르듯 주식 보는 눈도 사람마다 다르다. 본인만의 룰을 정하자. 친구 중에 꼭 있지 않는가? 백수에 양아치 같은 나쁜 남자만 골라서 만나는 친구 말이다. 연애가 끝나면 다시는 그런 남자는 만나지 않겠다고 하고서는 다음 연애 상대도 전 남친과 도긴개긴이다. 그 연애의 끝도 항상 같았다. 울고불고, 다시는 그런 남자 만나지 않겠다고 했지만 늘 비슷한 남자만 만나는 친구 말이다.

제약주, 바이오주만 고르는 사람들은 한 방을 기다린다고 한다. 임상실험 결과만 발표하면 이제 오를 거라는 주식, 불치병 치료제를 비밀리에 만들고 있다는 회사, 미래 먹거리는 바이오라며 그런 주식만을 산다. 손해를 보고 나와서는 다시는 저런 주식은 쳐다보지 않겠다고 한다. 좋은 우량주나 배당주를 소개해 달라고 하지만 그때뿐이었다. 괜찮은 남자를 소개해 달라고 해서 소개팅까지 주선하지만 결국은 전 남친 같은 남자만 만나는 친구처럼 다시 제약주나 바이오주를 고른다. 이번에는 다를 거라고. 이번만큼은 저번에 했던 실수는 하지 않겠다고 했는데도 말이다. 남자 보는 눈이 꽝이던 친구나 주식 보는 눈이 꽝인 사람이나 변하지 않는다. 매번 자기가 좋아하고 끌리는 남자만 찾다 보니 주변에 있는 좋은 남자는 다 놓치고 후회하던 친구처럼, 몇 배씩 오를 주식을 찾던 사람은 좋은 우량주를 살 기회들을 다 놓치고 후회한다.

그러니 룰을 정하자. 자신만의 룰을 정해서 주식을 사자. 그냥 끌리니까, 좋아 보여서라는 이유로 주식을 사지 말자. 인터넷만 찾아보고 조금만 공부해도 그런 룰은 얼마든지 있다. 다른 사람의 룰을 참고하고 따라 해도 좋다. 어찌 되었든 룰을 정해서 주식을 사보자.

나는 주식을 살 때 이런 룰을 지킨다.

1. 누가 들어도 뭐하는지 아는 회사, 뭐 만드는지, 어떻게 돈을 버는지 초등학생 우리 딸에게도 설명할

수 있는 회사의 주식을 사야 한다.

2. 웬만하면 배당금을 주는 회사의 주식을 사야 한다. 배당금을 주는 회사들은 대부분 큰 회사들이 많다 보니 그렇게 회사의 규모가 정해진다. 코스피나 코스닥이나 상관없지만 배당금을 챙겨주는 회사의 주식을 사야 주가가 오르지 않아도 덜 억울하다. 그렇다고 배당금 주는 회사만 고른다는 건 아니다. 가능하면 주는 회사의 주식을 사야 한다는 것이다. 이왕이면 다홍치마, 이왕이면 배당금이다.

3. 처음 그 주식을 봤을 때보다 떨어진 금액이면 산다. 늘 실수했던 부분이지만 눈여겨보던 회사가 오르기 시작하면 '이거 봐라. 내가 맞았네' 하면서 샀다가 고점에 들어가고 만다. 몇 달 만에 팔겠다는 마음이고 몇 배를 먹겠다는 마음이었으니 오르는 주식을 가만둘 수 없다. 지금은 지켜보다가 처음 봤던 금액보다 떨어졌거나, 52주 최저가라면 산다. 몇 년을 가지고 있을 마음으로 1년 10% 수익률만 얻겠다는 마음으로 산다.

4. 10년을 보유해도 좋을 회사의 주식을 사야 한다. 이 회사의 주식을 10년간 보유해노 좋나는 마음이 생기

면 주가가 오르거나 내려도 마음이 흔들리지 않는다. 꼭 10년을 채워서 보유하겠다는 것이 아니다. 10년이나 보유해도 망하지 않을 회사, 10년 뒤에도 이 산업으로 돈을 벌 수 있는 회사의 주식을 사야 한다.

5. 몇 달을 지켜본다. 처음 사고 싶은 주식이 생기면 10주 정도 사 보기도 하지만 그냥 지켜 보기도 한다. 그 사이 재무제표도 공부하고 기사도 찾아보면서 기다린다. 사야겠다는 생각이 든다면 저가를 기다렸다가 분할 매수한다.

6. 재무제표를 공부한다. 공시도 꼬박꼬박 챙기고 재무제표의 숫자 하나하나 다 확인한다는 것이 아니다. 적어도 몇 가지는 체크해야 한다. PER, PBR, ROE, ROA, EPS, BPS 정도는 체크하고 같은 업종의 다른 기업과도 비교해 본다. 재무제표만 본다고 할 수는 없지만 제일 큰 비중을 차지한다. 좋아 보이던 회사였는데 재무가 별로면 사지 말아야 한다. 관심을 가지게 된 회사라면 재무제표를 제일 먼저 보고 매수 전까지 꾸준히 공부한다. 더 꼼꼼히 자세히 봐야 한다는 사람들도 많지만 내 룰은 이 정도다. 간단하고 별거 아닌 것도 체크하지 않고 주식을

사는 사람이 너무 많기에 이것만 봐도 그들보다는 낫다는 걸 안다.

특별할 게 없어서 실망할지도 모르겠다. 이런 걸 룰이라고 지키고 있느냐고 할지도 모르겠다. 주식을 촉으로도 사보고, 방송에서 좋다고 해서 사보고, 뉴스에서 오를 거라고 해서 사보았다. 그런 주식들은 결국 올라도 제때 팔지 못했다. 내 욕심과 매도 기준이 없으니 수익을 얻지 못한 것은 당연지사다. 이렇게 산 주식들은 쉽게 팔 수도 없다.

주식과 사랑에 빠지지 말라고 한다. 내가 산 주식은 너무 좋은 것이라고, 오를 것이라는 생각에 팔지 못하고 보유하지 말라고 한다. 주식과 사랑에 빠진 것이 아니라 10년을 보유해도 좋을 주식들을 샀고, 그 10년 안에라도 회사에 문제가 생기거나 재무제표가 형편없어진다면 당장이라도 팔 수 있다. 주식과 사랑에 빠진 사람들은 대부분 주식이 오를 거라서 사랑하는 거겠지만 나는 내게 손해를 주지 않을 주식들만 사랑한다. 그 사랑도 손해를 줄 기미가 보인다면 여지없이 버려야 한다. 룰을 세우고 투자하자. 세웠다며 반드시 그 룰을 지켜가며 투자하자. 룰에 맞게 투자했다면 이제 기다리기만 하면 된다.

06

오픈 런을 해서라도 갖고 싶다

애써 외면해 왔다. 뭐 하러 샤넬 백을 사냐, 별로 예쁘지도 않고, 특별할 거 없다 생각했다. '나한테 안 어울려' 하며 자기 최면도 걸었다.

뉴스에서 코로나 이후 보복 심리네 뭐네 하면서 명품 가격이 폭등하고 있다고 한다. 돈이 있어도 못 산다고 한다. 다음 화면에는 백화점이 문도 안 연 시간, 샤넬 백을 사기 위해 줄을 선 사람들이 나오고 직원은 새벽부터 나온 사람들에게 번호표를 준다. 작은 텐트까지 치고 줄을 선 사람들도 있다. 이걸 사서 되팔면 돈을 더 벌 수 있는 샤테크라고, 인터뷰하는 모자이크 너머 사람들이 보인다.

이 장면을 본 적이 있다. 예전에 인기 있는 아파트의 청약일이면 모델하우스 앞에는 사람들이 줄을 섰다. 지금이야 인터넷으로 청약도 하지만 그때는 새벽부터가 아니라 며칠 전부터 줄을 섰다. 줄만 서주는 아르바이트를 하는 친구도 있었으니까. 어린 마음에 혀를 차며 딱하다고 생각했다. 얼마나 벌겠다고 저렇게까지 하느냐고. 그때는 아파트 시세도 몰랐고, 월급으로는 모으기 힘든 1억을 아파트를 잘 사고팔면 쉽게 벌 수 있다는 것도 몰랐다.

줄 서지 못해서 놓친 아파트도 아쉬웠지만 줄 서지 못해서 샤넬 백도 놓친다면 더 아쉬울 것 같았다. '주식으로 돈도 좀 벌었고 수익률 높잖아. 샤넬 백 하나 정도는 들고 다녀도 될 만큼 있잖아.' 사러 가보기로 했다. 백화점 오픈하자마자 갔다. 번호표를 주는데, 42번이란다. 내 앞에 41명이나 더 와 있다는 말인가? 도대체 그들은 언제 왔다는 걸까? 하염없이 기다리기도 뭐해서 집으로 와서 기다렸다. 오후가 한참 지나서 알림이 뜨는데 30분 뒤 입장이라고 했다. 미친 듯 달려갔는데 손님은 많고 물건은 없었다. '백(bag)은요? 내 샤넬 백은 어딨어요?' 묻고 싶었다. 진열대가 텅 비어있다. 최고가 라인의 가방만 몇 개 남아 있고, 새빨간 샤넬 백이 하나 있기에 늘어보려 한다. 그래 뭐 빨간색노 나쁘지 않을 거야, 하면서.

"그거 내가 계산할 거예요. 내려 놔요."

뒤에서 할머니 한 분이 등에 칼을 꽂았다.

'나도 이거 살 생각 없어요. 샤넬 백을, 빨간색을 누가 들어요? 할머니나 사드세요.'

마음속으로만 외치고 쇼핑백을 들고 가는 그 할머니의 뒷모습을 하염없이 바라보았다. 내게 다시는 기회가 없을 것 같다. 이제 샤넬 백은 수요자가 이렇게 많으니 앞으로 더 오를 것이다. 우리는 지금 당장이라도 그 백을 사야 하는 걸까? 나는 할머니를 붙잡고 내가 이 빨간 샤넬 백을 살 수 있게 해달라고 양보를 부탁해야 했던 걸까?

님아, 그 백을 사러 가지 마오.

샤넬 백 하나 살 정도의 돈이면, 주식을 사자. 오픈 런을 할 부지런함으로 공부하고, 대기를 기다릴 인내심으로 주식을 보유하자. 이런 거 하나쯤은 가지고 있어야 옆집 아주머니한테 부끄럽지 않다고 생각하겠지만 옆집 아주머니는 가진 게 그게 다다. 당신이 샤넬 백 대신 명품 주식을 소유하고 있다면 샤테크는 비교도 안 될 만큼 주가가 오를 것이다. 그래도 명품 백은, 샤넬 백은 중고도 비싸다고 생각하는가?

한정판이라면 사놓을 가치가 있다고 믿고 있는가? 중고 가방을, 당신이라면 원가보다 더 비싸게 사고 싶은가? 전 세계에 하나 있는 미술품도 아닌 몇만 개(아무리 한정판이라도 몇천 개)씩 찍어내는 공산품이 시간이 지나서 그 가치가 더 높아져 봤자다.

한때 아주머니들 사이에서 유행하던 일명 '샤넬계'는 목돈을 만들어 원하는 명품 백을 살 수 있는 모임이었다. 십시일반 돈을 모으고 순서를 정해서 원하는 명품 백을 사는 이 모임은 돈만 모이는 게 아니었다. 각 브랜드의 신상 출시 날짜와 이니셜 서비스를 받는 법, 오픈 런 없이 매장에 들어갈 수 있는 방법 등을 공유했다. 사고 싶은 명품백 사진을 올리면 계원들이 그 브랜드의 장점과 실용성, 디자인에 대해 아는 만큼 알려줬다. '샤넬계' 대신 '샤넬 주식계'를 한다면 어떨까? 자신이 사고 싶은 종목을 올리면 계원들이 그 종목에 관련된 정보와 저가 매수 시기를 의논한다면 좋겠다. 신상이 나오면 곧 유행이 지나버릴 공산품 말고 시간이 지나면 주가가 오를 주식이라면 어떨까?

오픈 런을 해서라도 갖고 싶은 가방이 아니라, 몇 날 며칠을 기다려서라도 갖고 싶은 주식이 생겼으면 좋겠다. 그래서 그 수식을 내가 원하는 금액에 사게 뇌어서 너무 기쁘다며, 자랑하고 다니자. 주가가 오를 때마다 예쁘다, 예쁘다 하면서 쓰다듬어 주자.

하락장이 오면 나는 명품 매장 아웃렛을 다니는 기분으로 떨어질 이유가 없는 주식을 모으고 있다. 명품 좋아하는 사람들은 가방 보관하는 멋진 진열장에 가방을 모셔놓고 볼 때마다 이 아이, 저 아이 하면서 가방에 말도 건다고 한다. 명품 주식 좋아하는 나는 계좌를 열어보며 '오늘도 올랐다니 장하네, 최고가에서 많이 떨어졌네. 친구들 좀 데려올까? 배당금도 주는 거야? 예뻐라' 하면서 주식들에 말을 건다.

명품 가방 소유주와 명품 주식 소유주 중 누구를 부러워해야 할까? 결정은 당신 몫이다. 오픈 런을 해서 사야 할 것은 샤넬 백이 아니라 하락장의 우량주들이다.

주식장의 명품 세일을 놓치지 말자

하락장이 영원했다면 지금 주식하고 있는 사람은 아무도 없을 것이다. 코로나로 나라가 망할 것처럼 지수가 하락했지만 몇 달도 안 돼서 주식장은 활황이었다. 지금 당장 주식 사기 겁난다면 공부부터 하고 하락장을 기다리자. 조금씩 관심 있는 회사의 주식을 사보고 기다려보자.

지금 주가가 비싼 것 같다면 관심을 가지고 하락장을 기다리자. 남들보다 빠르게 소유할 수 있다. 언제가 하락장인지, 언제부터 상승장이 될지 콕 집어 알려달라고 하는 건, 밥을 숟가락으로 떠서 씹어달라고 하는 것과 같다. 지금이 최악이다. 앞으로 계속 안 좋을 것이라고 주식장에 대해 나쁜 뉴스만 매일 나오고 있다면, 지금이 하락장이다. 주식장의 명품 세일 기간이다.

Chapter 06

<주식 청소년기>
차트 몰라도 주식
투자 성공하는 법

80억 부자 선언

　빨리 벌고 싶고, 많이 벌고 싶은 게 사람 마음이다. 나도 늘 더 많이 벌고 싶고, 더 빨리 벌고 싶다. 빨리 벌겠다는 마음으로 달려가다가는 내 영혼만 못 쫓아오는 게 아니라 손실도 쫓아온다. 손실만 쫓아오는 게 아니라 가족 간의 불화도 따라온다. 부자가 되겠다는 마음으로 주식을 하지 말자. 주식으로 부자 되는 것이 아니라 주식을 하다 보면 수익이 날 수도 있고, 주식을 잘하다 보면 부자가 될 수도 있다. 지겨울 만큼 말했지만 주식 투자 잘하는 법은 정말 쉽다. 좋은 주식을 장기 보유하고 있다면 누구라도 부자가 될 수 있지만 우리는 그러지를 못한다. "좋은 주식 장기 보유" 표어처럼 외우고 다니지만 다들 "착하게 살자" 정도의 교훈으로 치부해 버리고 만다. 너무 쉬워 보여서인지 사실은 너무 어려워서인지 다들 꺼리는 이 "좋은 주식 장기 보유"라는 문제를 지금부터 살펴보자.

첫 번째, 좋은 주식을 보는 눈이 없다.

공부를 열심히 하다 보면 오를 주식을 찾는 눈이 생기는 게 아니라 손해나지 않을 주식을 찾는 눈이 생긴다. 오늘 사서 내일 오른다면 좋겠지만 그런 운은 없다. 설사 있다 해도 그 운은 절대 오래가지 못한다. 그래서 오를 주식 말고 이 가격에 사도 손해나지 않을 주식을 찾아야 한다. 하락장에서 이유 없이 떨어진 주식을 사면 된다. 그동안 수없이 보아왔지만, 하락장 다음은 상승장이다. 횡보 기간이 있을지 모르지만 하락 다음은 상승이다. 위에서 말했다시피 떨어질 이유가 없었던, 손해나지 않을 주식이라면 반드시 상승한다. 아직도 오를 주식이 좋은 주식이라고 말하고 싶은가? 좋은 주식은 손해나지 않을 주식이다.

두 번째, 오래 보유하지 못한다.

주식을 몇십 년씩 해온 사람들에게 물어보라. 그동안 샀던 종목들은 무엇이고, 지금 그 송복은 얼마인지. 아마 자랑이 늘어질 것이다. 자기는 삼성전자를 20년 전부터 샀다고, SK하이닉스를 10년 전부터 지켜보며 샀다고, 네이버를 10만 원도 안 되게 매수했다고 한다. 그래서 보유하고 있는지 물어보면 10명 중 10명은 그때 그걸 판 게 제일 잘못한 일이라고 한다. 왜 팔았을까? 이렇게 오를지 몰랐으니까 팔았을 것이다. 자신이 산 가격보다 올랐으니 팔았을 것이다. 수익금은 재투자했을 것이고, 손실이 났을 것이다. 그러니 그때 판 게 제일 잘못한 일이 맞겠지. 손해나지 않을 좋은 주식을 싸게 샀다면 팔아야 이유는 거의 없다. 몇십 년을 보유한다면 인생이 바뀔 수도 있지만 당장에 빨리 벌고, 더 큰 부자가 되고 싶어서 팔아버린다. 더 빨리 오를 주식을 찾고, 더 많이 오를 주식을 찾으면 팔아버린다.

정답이라고 생각한다면 당신은 앞으로 공부만 하면 된다. 이건 아닌 거 같다고, 동의할 수 없다고 한다면 더 나은 답을 내게 좀 알려주었으면 좋겠다. 비아냥거리는 것도 아니고 비난하려고 하는 것이 절대 아니다. 나는 이보다 나은 답을 알지 못한다. 그러니 제발 한 수만 알려주면 좋겠다. "좋은 주식 장기 보유" 다른 말로 "우량주 장기투자" 나는 이 답 말고는 모른다. 더 빨리 오르는 주식, 더 많이 오르는 주식을 찾는 이유는 부자 기준이 없기 때문이다. 부자 기준을 세우고 큰 목표를 정하라. 지금 주식 투자로 100만 원, 1,000만 원을 벌겠다는 목표가 아니다. 10년 뒤에는, 20년 뒤에는 얼마를 벌겠다는 목표를 정해야 한다. 매일 써보면서 눈에 익혀야 한다. 나는 10년 뒤, 20년 뒤에는 이 정도의 자산을 가진 부자가 될 사람이니 오늘 주식 몇 프로 올랐다고 팔지 말자는 마음을 먹어야 한다. 10년, 20년 뒤까지 보유할 수 있는 주식을 사야 한다. 그런 마음이라면 주식 투자로 이익을 얻을 수 있다. 부자가 될 수도 있다.

내가 세운 부자의 기준은 80억 원이다. 70세 되기 전에 이 정도 현금 자산이 모인다면 주식 공부는 그만할 생각이다. 주식 투자를 그만하겠다는 것이 아니라 돈을 벌기 위해서 주식 공부는 더 하지 않을 것이다. 지수나 배당주에는 꾸준하게 투자하겠지만 더 부자가 되려고 공부는 그만할 것이다. 부자가 되었으니 돈이 필요한 곳이 있다면 여유롭게 도울 것이다. 책 좋아하는 내가 제일 하고 싶은 건 숲속에 도서관을 여는 것이다. 은발의 할머니가 도서관 문을 열고 책 읽으러 오는 사람들을 만난다면 그보다 더한 기쁨이 있을까? 80억 원 부자가 되기까지 내게는 30여 년 가까이 시간이 있다. 그래도 나는 30년 뒤에 80억 원이라는 가능성 있는 꿈을 꾸고 있다. 임성민 '성공하면 몇십 배는 오를 거라는 바이오주, 정치인 이슈로 상한가 간다는 테마주, 내부 정보 받은 게 있다고, 혼자만 알고 있으라는 남편 친구 추천의 급등주가 진짜 가능성 있어 보이지는 않는다.

좋은 정보를 준 좋은 마음만 받고 말자. 그 정보로 주식을 사서 손해를 본다고 해서 그 사람을 탓할 수는 없다. 그렇다면 차라리 전문가를 찾아가거나 유료 리딩방에 물어보겠다면 굳이 말리지는 않겠다. 그들이 아무리 유능하고 최고의 수익을 낸다고 해도 내 돈에 손해가 났을 때는 그 어떤 책임도 지지 않는다. 뭘 사야 부자가 될까, 하는 마음을 버리고 뭘 사야 손해나지 않을까, 하는 마음으로 주식을 본다면 사야 할 주식은 차고도 넘친다.

02

주식 육아를 시작하라

　공부 한참 하던 때였다. 매주 2~3권씩 주식 책을 읽으면서 공부에 대한 열정이 한참 높아져 있는데 취미 모임 하던 사람들이 주식을 좀 알려달라고 했다. 주린이들에게 설명하다 보면 내게도 도움이 되지 않겠느냐는 권유에 나도 잘 모르면서 자료를 모으고 며칠을 준비해서 강사 노릇을 했다. 사람들은 나이도 제각각이었고, 생활 수준, 경제적 조건도 다 달랐다. 금전적으로 여유 있는 사람들에게는 필요 없는 수업이 아닐까 생각했지만 그들이 더 열심히 들었고, 그 자리에서 주식 계좌를 만든 사람도 있었다. 수업이 끝나고 따로 연락해 모르는 부분을 물어보는 사람도 있었고, 배당주 추천을 부탁하는 사람도 있었다. 아이들을 위해서 사면 좋을 주식을 공유해달라는 친구도 있었다.

'그런데 언니는요? 내가 그날 주식 얘기 해준 건 언니가 주식을 했으면 했는데 언니는요? 달러도 안 사고 계좌도 안 만들고 언니 어쩌려고 그래요?'

묻고 싶었다. 경제적으로 힘들어 보이는 언니였다. 돈이 없다고 늘 푸념하는 언니가 듣고 꼭 뭔가를 깨닫기를 바랐다. 다음에도 수업해 달라는 언니는 도대체 언제 주식할 건지 답이 없었다. 돈이 좀 생기면 그때 할 거라는 언니를 보며 이 언니의 상황이 나아지지 않을 거라는 걸 느꼈다. 실행하지 않는 사람에게 내가 몇 시간 동안 알려준 주식 수업은 아무런 빛을 보지 못했다. 그중에 누가 또 주식을 해서 얼마를 벌었는지는 모르겠다. 내가 꼭 주식했으면, 지금보다 나아졌으면 했던 그 언니는 아무것도 하지 않았다. 생활은 전혀 나아지지 않았고 그 언니 역시 변한 게 없었다. 몇 달 뒤 만났을 때 "네가 사라고 했을 때 샀어야 한다"며 한탄하는 그녀를 보며 이 언니와 내가 오래 만나지는 못할 것 같다는 느낌이 들었다. 먹고살 만하니까 다른 걱정 없이 주식 공부도 하는 거라고, 뒤에서 내 이야기하는 걸 들으며 알았다. 주식은 함부로 권하는 게 아니라는 것을.

실행하지 않을 이유는 많다.

계좌 만들 시간이 없고 당장에 돈이 없다.

핸드폰으로 게임을 할 시간은 있지만 계좌 만들 시간은 없다.

배달앱으로 음식을 시켜 먹는데 일주일이면 몇십만 원을 넘게 쓰면서 주식 살 돈은 없다.

다른 사람의 공부를 말 몇 마디로 깎아내리기는 쉽다.

실행하는 사람은 이유가 없다. 해야 하니까 하는 것이다.

핸드폰으로 당장 계좌를 만들고 주식 용어를 공부해야 한다.

배달앱으로 시켜 먹던 음식을 10번에서 5번으로 줄인다.

다른 사람이 어떤 마음으로 얼마나 오랜 시간 공부했는지 생각하며 열심히 받아 적는다.

이 언니뿐만이 아니다. 주식 공부를 시작하고 책을 읽으면서 내 인간관계는 자연스럽게 정리가 되었다. 패배감에 빠진 사람과는 연락하지 않았다. 피해자 코스프레를 하며 남편과 시대 욕만 하는 친구는 카톡에서 지웠다. 정말 오랜만에 연락이 왔지만 신세한탄만 하는 친구와는 만나지 않았다. 사람 좋아해서 친구라면 버선발로 뛰어나가던 내가 변했다. 원래도 호불호가 강했지만 더 그래야 했다. 이 나이쯤 되니 사람들도 눈치가 빨라진다. 만나자는 말에 "그래요. 다음에요"라고 두 번만 말하면 다시 연락하지 않았다. 좋은 사람들과는 어떻게든 연결되려고 애썼다. 내 공부를 지지해 주고 잘한다, 잘한다고 해주는 사람들과 어울렸다. 시기, 질투하지 않는 친구가 누구인지 금방 드러났다.

단톡방에서 만나 책 읽는 모임의 아주머니들은 내가 책을 쓴다고 하니 자기 일처럼 좋아했다. 끝까지 써내라고, 할 수 있다고, 자신이 다 기쁘다고 하는 그들의 글에서 진심을 느낄 수 있었다. 내 친구처럼 공부해서 주식하라고 말하고 다니는 친구도 있고, 글 쓰는데 먹으라고 비타민을 사주는 친구도 있었다. 자랑스럽다, 멋지다, 소리를 볼 때마다 해주는 친구도 있었다. 책을 써보고 싶다는 마음만 먹고 있었는데 한마디 칭찬도 않던 남편은 노트북을 사 왔다. 노트북이 있어야 할 거라고, 오다 주웠다는 듯 던져주고 가는데 울 뻔했다. 돈 많고 잘사는 사람이 아니라 나를 지지해 주고 좋은 영향을 주고받을 수 있는 좋은 사람들과 연결되자.

언니가 참 좋았다. 그래서 그 언니가 주식도 하고 공부도 하면서 지금보다 나은 인생을 살길 바랐다. 같이 투자하고 같이 여유로워지고 싶었다. 아이 키우면서 돈은 많이 들고 딱히 일할 곳은 없다고 하소연하는 언니가 안쓰러워 주식을 꼭 시작했으면 했다. 언니가 하겠다고만 하면 내가 나서서 다 알려주고 공부했던 책도 다 주려고 했다. 내가 아는 모든 것은 다 알려주고 싶었다. 하지만 돈 없다던 그 언니는 아무것도 하지 않았다. 책 한 권도 안 읽고 부자들 흉만 보고 다른 사람의 노력을 운이 좋다고 말하는 그 언니를 보며, 손을 잡아줄 마음이 없어졌다면 내가 나쁜 걸까? 나쁘다고 해도 어쩔 수 없다. 이후 나는 주식을 쉽게 권하지 않기로 했다. 좋아하는 사람에게는 더 권하지 않는다. 인간관계를 제대로 정리해 보고 싶다면 주식을 권해보자. 저 사람은 꼭 돈 공부해야 할 것 같은데도 공부하지 않는다는 것을 알게 된다. 저 정도로 여유 있는데 왜 하나 싶게 주식 공부 열심히 하는 부자들도 만나게 된다. 그렇게 앞으로 당신이 누구와 어울려야 더 나은 인생을 살지 알게 될 것이다.

공부는 지금 당장 시작할 수 있다. 주식 카페에 가입해도 되고 유튜브를 꾸준히 구독해도 된다. 나처럼 책이나 종이 신문으로 공부할 수도 있다. 인터넷에는 주식 용어를 정의해 주고 한글만 알면 이해가 되도록 설명해 주는 블로그도 차고 넘친다. 어떤 사람은 시작해서 인생이 바뀌고, 어떤 사람은 시작도 안 하면서 인생이 바뀌기를 바란다. 실행하지 않는 사람과 실행하는 사람의 미래는 실행하는 그 순간부터 달라진다.

주식 공부 해 보고 어렵다고 하는가?

주식 책 한 권 읽어보고 모르겠다고 하는가?

일단 시작하고 실행하라. 주식 투자에 성공하려면 일단 시작부터 해야 하지 않을까?

주식도 육아처럼 처음엔 어렵고 책을 읽어도 전혀 이해되지 않는다. 아이 낳기 전 육아서에서 젖몸살로 가슴이 아플 때 양배추를 붙이면 좋다고 했는데 직접 해 보면 안다. 백색소음이 수면에 도움이 된다지만 믿지 못하다가 조리원에서 나오자마자 아이를 재우기 위해 오만 가지 백색소음을 찾았다. 볼 일을 못 보는 아이를 위해 다리를 잡고 자전거 타기를 해주고 바로 결과물이 나올 때 육아서에서 본 내용들을 결국 믿게 된다. 내가 직접 해 보면서 경험해야 정확히 알 수 있고, 남들에게 충고라도 할 수 있는 육아 선배가 된다.

주식이라고 다르지 않다. 처음엔 무슨 말인지 정말 하나도 이해되지 않는다. 매수와 매도가 뭔지도 모르는데 재무제표 공부를 어떻게 하라는 건가 싶다. 하지만 포기하지 않고 직접 해 보고 공부하면 몰랐던 말들도 하나씩 이해가 된다. 이 말이 이런 뜻이었구나 싶어진다. 그러니 제발 시작하라. 지금 낭장, 시작부터 하라.

경단녀들이여,
주식을 사고파는 회사에 입사하라

    펀드매니저라도 되란 말인가. 주식을 사고파는 회사라면 금융권, 증권사, 자산운용사인데 그런 곳에 취직하려면 좋은 대학은 기본에 토익은 만점 가까이 받아야 하고, 경쟁률은 얼마가 될지도 모르는데 그런 곳에 입사하라니. 이 아주머니가 이제 정신줄을 놓았나 보다 싶을 것이다. 그러나 말 그대로다. 주식을 사고파는 회사에 입사하라. 주식을 사고파는 회사에 입사했다는 마음으로 공부를 하자.

    경단녀, 경단녀 한다. 아이들 키우느라 내 경력은 과거가 되었고 일은 하고 싶지만 아이들 하원시간에 맞춰서 퇴근시켜 주는 회사는 없다(솔직해시사. 없나). 그래서 집에서 할 수 있는 쇼핑몰, 스마트 스토어 등을 많이들 한다. 너무 많이 하다 보니 이제 경쟁력도 없어지고, 열심히 하는데도 수익은 원하는 만큼 나오지 않아 속상하다는 지인들이 많다.

그렇다면 회사를 직접 창업하고 입사해서 공부하고 월급을 받자. 주식을 사고파는 회사에 입사했다고 생각하고 공부를 시작해 보자. 매도와 매수가 무엇인지, 재무제표의 용어는 몇십 번을 봐도 헷갈리지만 신입은 원래 그러니 꾸준히 해보자. 인턴 기간에는 회사에서도 함부로 큰일을 맡기지 않으니까, 주식을 함부로 마음대로 사지도 말자. 모르면 찾아서 물어보고 배우자. 책이 제일 좋다고 생각하지만 더 편한 선배들도 많다. 유튜브도 블로그도 카페도 많으니 보고 배우고, 따라 하다 보면 연차도 쌓이고 실력도 쌓일 것이다.

주식 공부를 시작하면서 생각했다. 회사에 입사했다는 마음으로 아무것도 모르는 신입이라고 생각하고 공부하리라, 마음먹었다. 업무가 익숙해지게 공부하는 것은 당연했다. 내가 맡은 업무도 제대로 못 하면서 월급 받아 가겠다는 마음을 버리고 선배들이 하는 말은 일단 무조건 '네, 네' 하면서 따라 했다. 그렇게 1년이 넘었고, 2년이 되어 가니 나는 지금 입사 2년 차 직원의 수준이다. 이 회사를 몇 년 다니다 말 생각이 아니므로 정년이 없는 이 회사에서 임원까지,

사장까지 할 수 있다는 희망을 가지고 20년, 30년을 내다보며 공부하고 있다.

집에서도 핸드폰으로 월 200만 원을 번다는 부업 광고를 본 적이 있을 것이다. 저런 걸 믿는 사람이 있을까 싶지만 당장 100만 원, 10만 원이 급한 사람은 믿을 수도 있다. 지금 하는 일이 자꾸 꼬이고, 돈은 부족하고 쪼들린다면 그런 광고를 믿고 싶어질 것이다. 돈이 제일 무섭고 돈이 제일 힘이 세 보일 테니까. 돈은 급한데 아이는 키워야 하고 장시간 밖에서 일할 수 없다면, 저 광고가 더 와닿을 것이다. 집에서도 벌 수 있다니, 핸드폰으로도 벌 수 있다니, 하며 혹할 것이다. 주식도 집에서도 핸드폰으로도 돈을 벌 수 있는 일이다.

주식으로 부자가 되겠다는 생각만 바꾼다면, 회사에 취직한 신입이라는 마음으로 공부하고 배운다면, 월급이 오르듯 수익이 오를 것이다. 처음 회사에 입사한 신입사원이 월급 받아서 부자 되겠다고 할까? 이 회사는 몇 달만 다니고 그만두겠다고 하는 사람이 있을까? 다시 일하고 싶다면, 돈 벌고 싶다면, 면접도 보지 않고 출퇴근 안 해도 되는 이 회사로 취직하자. 일하는 시간도 내가 정할 수 있고 월급도 내가 정할 수 있다. 근무 기간도 내가 정할 수 있으니, '폰으로 월 200만 원'은 잊고 이 회사에 입사해 보자.

단타나 차트 매매는 매일 장이 열리면 그때 사고팔아야 하니 아이 키우는 엄마들에게 권하고 싶지 않다. 아이들 등원 준비를 하는 아침 시간이 얼마나 빨리 지나가고 정신없는지 아는 엄마가 오전 시간을 투자해서 하는 단타 차트 매매를 한다는 건 사실 불가능하다. 그렇게까지 온 에너지를 쏟아내며 5일 동안 투자해서 얻는 수익이 우량주 장기투자보다 높은지도 모르겠다. 공부를 안 해 본 건 아니지만 나는 그래프 보기도 어렵고 매일 사고팔고 하는 것도 힘들었다. 장이 좋아 수익이 나면 그날 기분은 좋았고, 손해가 나면 기분이 나빴다. 어제의 손해를 만회하려고 다음날은 무리했다.

본인의 취향과 매매 스타일이 있으니 뭐가 좋고 나쁘다고 할 수는 없다. 다만, 단타나 차트 매매로 좋은 부자가 된 투자자는 없다. 유명하고 존경할 만한 투자자도 내 기준에는 없다. 엄청난 돈을 벌었지만 실패도 많이 했던 트레이더 제시 리버모어는 권총 자살로 생을 마감했다. 앞서 열거한 많은 투자자 중에서 닮고 싶은 사람을 찾아보자. 그 사람은 어떻게 투자했는지, 투자 마인드는 어땠는지, 어떤 인생을 살았는지를 보고 벤치마킹하자. 1년 정도 뒤에는 수습 딱지는 떼지 않을까? 5년쯤 뒤에는 대리 정도 되지 않을까? 그렇게 꾸준히 공부하고 투자한다면 10년 뒤에는 나보다 낮지 않을까?

왜 그렇게 열심히 공부하냐고 물어보는 사람들이 있다. 다 늙어서 공부를 왜 그리 열심히 하냐, 책을 그리 많이 읽어서 뭐 할 거냐고.

내가 묻고 싶다. 왜 그렇게 열심히 공부하지 않는지, 다 늙어서도 공부 안 하면 뭐 할 건지, 책 안 읽고 어떻게 살 건지 물어보고 싶다.

노력해서 부자가 되고 싶다.

공부해서 종목 찾고 수익률을 올리고 싶다.

돈 때문에 어려운 일 없이 여유롭게 살고 싶다.

내가 공부하는 이유다. 이 정도면 충분하다고 생각한다. 이만한 조건의 회사도 없다고 생각한다. 매일 출근하지 않아도 되고 하원 시간에 쫓겨 퇴근하지 않아도 된다. 공부가 일이고 공부가 수익이다. 내 돈이 24시간 일하며 돈을 벌어오게 하고 있다. 이 회사에 입사를 강력히 추천하는 바이다.

그래서 뭐 사지?

주식한다고 하면 제일 많이 물어보는 질문이다.

"그래서 뭘 사야 하지? 지금 뭐 사면 좋지?" 뭐라고 답해줘야 할지 모르겠다. 지금 뭐 가지고 있냐고 물어보면 이 것저것 가지고 있는데 수익률도 그저 그렇고, 손해 난 것도 있다고 한다. 그것들을 팔고 내가 추천하는 주식을 사고 싶다니, 내가 용한 무당도 아닌데 어떤 주식을 사라고 해야 하나.

당신 사주에는 물이 많으니까 식음료주는 피하고, 불이 적으니까 정유주가 좋겠다고 말해줘야 할까? 당신 팔자에 는 화학주가 어울리고 조선주도 사면 운수대통한다고 해줄

까? 천기누설이라 이런 말은 안 하고 싶지만 뭘 사야 할지 꼭 알고 싶다면 부디 소문내지 마시라.

당신이 사야 할 주식은 사람들이 이름만 듣고도 뭐 하는지 아는 회사여야 한다.

당신이 사야 할 주식은 10년, 20년 뒤에도 돈을 잘 벌고 있을 것 같은 회사여야 한다.

당신이 사야 할 주식은 이왕이면 배당금을 챙겨주는 주주 친화적인 회사여야 한다.

당신이 사야 할 주식은 재무제표가 건전하고 투명한 회사여야 한다.

당신이 사야 할 주식은 당신이 하루 중 제일 많이 쓰는 제품(or 플랫폼)을 만드는 회사여야 한다.

자, 나는 이제 다 알려줬으니 당신은 이제 이 조건에 맞는 주식을 찾아서 사면 된다. 간단하고 쉽지 않은가? 힘들게 그래프나 차트를 공부할 필요도 없다. 저 정도 조건에 맞는 회사라면 사면 된다. 지금이 상승장이라면 조금씩 사서 보유해 보자. 뉴스와 신문에서 추락하는 하락장이라고 하면 여윳돈을 넣어서 주식을 사면 된다. 이렇게 말해줘도 사지 않을 걸 안다. 조금 사놓고 주가가 지지부진하다며 몇 달도 보유하지 못하고 팔 거면서 뭘 사야 하는지 왜 물어보는지….

솔직하게 물어보면 차라리 나도 솔직하게 대답해 줄 수 있다. "그래서 나 뭐 사야 다음 주에 20% 수익률이 날까? 지금 뭐 사야 몇 달 뒤 2배 될까?" 차마 대놓고 이렇게 물어보기는 본인도 부끄러우니 돌려서 물어본 거라는 걸 이해한다. 그런 주식을 알고 있다면 내가 지금 여기 있을 턱이 없다. 주식 점집을 차려서 복비를 어마어마하게 받고 있을 것이다. 당신에게 어울리는 주식은 이런 거니 사두라고 했을 것이다. 8월에는 물가에 가지 말고 이 주식을 사라고 하고, 12월에는 감기를 조심하고 저 주식을 사라고 할 것이다.

나는 미래를 예측한다는 것을 믿지 않는다. 천주교인이라서 믿지 않는 것도 있지만 주식 공부를 시작하고 난 후에는 주식장의 전망에 대한 전문가님들의 말도 믿지 않는다. 주식 투자를 시작했다면 믿어야 할 것은 자기 자신 말고는 없다. 워런 버핏이 한 말이라도 의심해 보아야 하고 무조건 믿지 말아야 한다. 혼자 공부하고 믿을 곳도 없어 마음이 불안하면 기도했다. 그러나 좋은 주식을 찾게 해 달라거나 오르게 해달라는 기복 기도는 한 번도 하지 않았다. "하느님, 제가 공부해서 좋은 종목은 찾을게요. 제가 욕심으로 종목을 고르지 않도록 도와주세요. 한탕을 노리고 투기하려고 할 때 못하도록 막아주세요. 그것만 해 주시고 우리 가족들을 지켜주세요. 지금처럼만 행복하고 건강하게 해 주세요"라고 기도한다. 초보 신자라 기도발이 좋은 건지 종목에 대한 힌트는 정말 하나도 주지 않으셨고, 투기하는 마음이 슬슬 올라오면 귀한 스승 같은 주식 책을 만나게 해주신다.

나는 신에게도 종목을 묻지 않는다. 제일 믿고 의지하고 있는 신께도 종목을 알려달라고 하지 않는다. 나를 제일 사랑하신다는 분께도 종목을 묻지 않는데, 친구나 지인에게 뭘 사야 할지 물어본다는 건 말이 되지 않는다. 내 돈을 버는데도 관여하지 않았고, 내가 돈을 잃는다고 해도 어떤 책임도 지지 않을 남에게 뭘 사야 할지 물어본다는 게 이상하다.

뭘 사야 할지 모르겠다면 공부부터 하자. 신문부터 펼치고 책부터 읽으면서 절대 손해나지 않을 종목을 찾아 조금씩 사보자. 공부하고 종목을 찾는 안목을 높여야 한다.

스스로 품위를 지키고 자기를 존중하는 마음을 자존감이라고 한다. 自存이라는 다른 한자의 뜻은 자기의 힘으로 생존함이다. 자기의 힘으로 살아남아야 스스로 품위도 지키고 자기를 존중하는 마음도 생긴다. 자존감 충만한 사람으로 살고 싶다면 남들한테 물어갈 생각 말고 스스로 공부해서 살아남아야 한다. 자존감 높은 사람을 보면서 부러워만 하지 말고 스스로 자존해서 종목을 찾다 보면 자존감도 높아지고 수익률도 높아진다.

그렇게 찾아서 투자했는데 손해가 나면 어떡하지, 안 그래도 없던 자존감이 더 없어지는 것 아닌지 걱정하지 말자. 내가 공부하고 찾아서 투자한 종목이라면 믿고 기다리자. 공부 열심히 해서 저가에 샀다면 시간에 맡기면 된다. 그래도 마음이 불안하고 손해가 걱정되면 더 공부하자. 손해났다고 속상해하면 마음만 상한다. 공부하면 다음에는 실수하지 않게 된다. 그러나 공부를 정말 많이 했다면 큰 손해가 나는 일은 없다. 좋은 종목을 저가에 사고 손실 구간을 정해서 매도한다면 손해가 났더라도 얼마든지 회복 가능하다. 돈도 버는데 자존감까지 높아지는 주식 투자라니, 안 할 이유가 하나도 없다.

05

언제 사고 언제 팔지?

　쌀 때 사서 비쌀 때 파는 게 주식이다. 그러니 싸다 싶으면 사고, 올랐다 싶으면 팔아라. 언제가 쌀 때인지 알 수 있는 방법은 그 주식을 지켜보는 것이다. 6개월이나 1년 정도 지켜보면 주식이 하락하는 순간이 온다. 그때 사면 된다. 시장 전체가 많이 하락했다면 그때 많이 사면 된다. 더 떨어질까 봐 겁내지 말고 분할 매수하자. 100주를 사려고 했으면 3번에 걸쳐 분할로 사면 된다. 처음 샀을 때보다 더 떨어지면 겁내지 말고 사자. 처음 샀을 때보다 오르면 더 오르기 전에 사자. 그렇게 주식을 모아가면 된다. 회사에 대해 확신을 가지고 공부를 하다 보면 반드시 떨어지는 시기가 온다.

주식은 지금 당장 사는 게 아니다. 내가 보유하고 싶은 회사의 주식이라면 6개월이든 1년이든 공부하면서 기회를 봐야 한다. 그렇게 샀다면 10년을 보유하겠다는 마음이어야 한다. 실제로 원하는 수익까지 10년이 안 걸리겠지만 그렇게 마음먹고 주식을 사야 한다. 10년을 보유할 가치가 없는 주식이라면 하루도 들고 있지 말아야 한다.

싼 가격에 주식을 샀다면 이제 비싸게 팔아야 한다. 매도의 기준을 정해놓고 분할 매도해야 한다. 이 주식으로 50%의 수익을 보겠다고 생각했다면 수익률이 50%가 되었을 때 3분의 1을 팔아야 한다. 자꾸 더 떨어진다면 남은 주식도 팔아야 한다. 그래도 처음에 50%의 수익을 얻었으니, 억울해하지 말고 30%라도, 10%라도 수익을 얻고 팔면 된다. 수익률이 50%가 되어 3분의 1을 분할 매도했는데 주가가 자꾸 오르기만 한다면 지켜보자. 그래도 아직 3분의 2가 남았으니 얼마나 다행인가 생각하며 기분 좋게 상승을 지켜보다가 최고가를 찍고 내려올 때쯤 팔자.

처음부터 안 팔고 들고 있었다면 이 수익을 다 얻었을 것이 아니냐고 반문하고 싶겠지만 초보자에게 그런 행운은 잘 오지 않는다. 초보라면 이 정도 '룰'은 지켜야 한다. 손해 보지 않겠다는 마음으로 룰을 정해야 한다. 주식은 몇 배, 몇십 배 벌겠다는 마음으로 사고파는 게 아니다. 절대 손해 보지 않고 사고팔겠다는 마음이어야 한다. 그런 마음이라면 쉽게 주식을 살 수 없다. 공부하고 지켜 보고 손해 보지 않을 확신이 생겨야 주식을 살 수 있다. 50% 수익이면 매도한다고 마음먹었다면 분할 매도하자. 더 오를 것 같고, 지금 팔면 바보 같다고 생각할지 모르지만 고점에서 떨어지고 나면 정말 바보가 되는 건 시간 문제다. 그러니 분할 매도하는 습관을 들인다는 마음으로 해 보자.

한 방을 좋아하고, 한 번에 다 해결하고, 한 가지에 몰빵하는 당신이라면 지금부터 바꿔야 한다. 주식은 진짜 한 방에, 한 가지에 투자하면 패가망신한다. 여러 가지 길을 생각하고, 여러 날을 고민하고, 여러 가지 종목을 염두에 두고, 많은 시간을 들여서 투자하는 것이 주식이다. 한 방 좋아하고 한꺼번에 다 하려고 한다면 한 방에 망한다. 한꺼번에 손해난다. 이런 얘기를 주식 책에서 보면서 코웃음을 쳤었다. 지루하게 어떻게 6개월을 기다리고 1년을 지켜보란 말인가. 나는 대한민국에서도 성격 급하기로 유명한 경상도 여자인데 차분하게 여러 종목을 긴 호흡으로 지켜 보라는 건 나한테 안 맞는 투자법 같았다. 인생은 한 방이고 주식은 몰빵이라며 나는 내 길을 가리라 생각했다.

그래서 결론은 마이너스 800만 원이었다. 이건 진짜 내가 해 봐서 하는 말이다. 그렇게 주식하는 게 아니었다. 쌀때 사서 비쌀 때 팔라는 말이 정답이라는 걸 뼈저리게 느꼈다. 10년을 보유할 수 없는 주식은 하루도 들고 있으면 안된다. 절대 손해 보지 말아야 한다. 조금만 공부해 보고 차분하게 기다리면 기회는 얼마든지 있다. 그러니 천천히 한템포 늦게 가자. 못 사서 후회라는 말은 주식장에 없다. 안 사면 그만이다. 좋은 주식은 얼마든지 있으니 지금 못 샀다고, 당장 못 샀다고 조급해 말자. 계좌에 예수금을 가득 채워두고 하락장을 기다린다면 분명 좋은 매수의 기회가 온다. 그렇게 싸게 산 주식은 상승장에서 보기 좋게 올라갈 것이다. 주식은 쌀 때 사야 한다. 주식은 비쌀 때 팔아야 한다.

복주머니 만들기

로또에 자주 걸리거나, 행운권에 항상 당첨되거나, 아파트 청약도 한 번에 성공한다면 당신은 누가 봐도 억세게 운 좋은 사람이다. 주변에는 항상 귀인이 넘쳐나고 어려운 일이 생기면 다들 도와주려고 안달이라면 이 챕터는 읽지 말고 넘어가자. 로또는 천 원짜리 몇 번인가 걸려봤고, 식당에서 뽑는 행운권도 꽝이고, 아파트 청약은 매번 떨어진다면 당신은 평범한 사람이다. 주변에 나보다 어렵거나 내 도움이 필요한 사람들만 있다면 이 챕터를 주의 깊게 읽어야 한다.

복은 만들 수 있다. 운도 만들 수 있다. 돈복도 만들 수 있고 인복도 만들 수 있다. 운이 좋은 사람이 될 수 있고 복이 넘치게 살 수 있다. 나는 그랬다. 이야기하다 보면 다들 "인복이 많네, 운이 참 좋네." 그렇게 말하는데 진짜 그렇다. 인복도 넘치고 운도 좋다. 주변 환경이 바뀐 것도 아니고 인생에서 큰 변화가 생긴 것도 아닌데 요즘 나를 만나는 사람들은 다 그렇게 말한다. 복이 많은 사람이라고, 운이 좋은 사람이 나라고 한다.

아이들 엄마 모임에 가면 빠지지 않고 시댁이나 남편 얘기가 나온다. 첫 아이 때 나는 나서서 얘기하는 편이었다. 이러쿵저러쿵 이랬다저랬다 하며 어서 시댁 욕을 풀고, 남편 흉을 펼쳐보라고 판을 깔아주던 나였다. 엄마들이 만나면 당연히 그래야 하는 줄 알았다. 네 남편 내 남편 누가 누가 못나고 집안일을 안 해주나 비교하며, 시댁은 다 이해가 안 되는 사람들이고, 불편하고 싫다고만 생각했다. 무던하고 순한 남편인데도, 이해심 많고 하나라도 더 챙겨주시려는 시어른들인데 늘 불만과 불평을 입에 달고 살았다. 입에서 나오는 말에 가시가 돋아 있었고, 나는 늘 피해자였다. 이렇게 살면 안 되는 사람인데 대접해 주지 않는다고 늘 투덜거렸다. 나한테 밉게 말하는 사람은 단칼에 정리하면서 나는 왜 모질게 말하고 다녔는지 모르겠다. 지금이라고 선하고 곱게만 말하지는 않지만 적어도 내 말들을 주워 담을 수 없다는 것은 안다. 말도 돈처럼 돌고 돌아 다시 나에게 돌아오는 것을 안다.

책을 읽으며 말을 바꿔보기로 했다. 여전히 남편은 친구들 모임에서 좋은 안줏거리였다. 그러나 내 인생이 딱하듯 그 인생도 딱하다는 것을 느낀 뒤로는 뒷담화의 맛이 달라졌다. 독하고 맵기만 하던 이전과 달리 살짝 맵지만 전체적으론 순한 그런 맛이었다. 사실은 딱히 할 이야기도 없다. 아가씨로 살 때 내가 안 그랬던 것처럼 총각으로 살 때 청소 한번 설거지 한번 안 하던 사람이었다. 혼자라면 언제라도 때려치웠을 회사를 눈만 뜨면 나가서 아이들한테 월급의 대부분을 쓰는 데도 좋다고 헤벌쭉거리는 저 남자도 나처럼 불쌍하고 애틋했다. 싸움을 전혀 안 하는 건 아니지만 현저하게 줄었다.

나만 힘들고 피해자였던 때와는 달랐다. 싸움해도 지금의 안건으로 과거는 들추지 않고 깔끔하게 싸우고 끝냈다. 남편과의 관계가 좋아지니 시댁 역시 편해졌다. 남편이 미워 죽겠는데 그의 부모님들이 좋아 보일 리 없다. 가끔 남편은 좋은데 시댁이 싫다는 사람들은 잘 생각해 보자. 남편이 자기 역할을 다하고 중재를 잘한다면 시댁이 싫을 이유가 없다. 남편 덕에 생긴 또 다른 부모님들은 내가 낳은 아이들에게 무한대의 사랑을 주신다. 아이들이 하늘의 별을 따달라고 하면 그게 얼마냐고 물어보실 기세로 아이들 편에 계신 분들. 알고 보니 나는 남편 복도 시댁 복도 넘치는데 나만 몰랐다. 친구들은 경제적으로도 여유롭고 항상 잘 챙겨주며 진심으로 응원을 보내준다. 아이들은 학교에서, 어린이집에서 유쾌하고 여유로운 선생님들과 만나 내 손이 닿지 않을 때도 걱정이 없다. 내가 사는 동네는 산 가깝고 강 옆에 있는 조용한 곳이라 아이들과 함께 지내기 정말 좋다. 새롭게 알게 된 인연들은 하나같이 좋고 감사하다. 말도 어쩌면 그리 재밌게 하는지 배울 점 많은 동생들이 주위에 많다. 공부하다 보니 수익률도 좋고 조급함도 없어졌다. 이렇게 책까지 쓰고 있는 걸 보면 다 가진 인생, 성공한 인생이 아닌가 싶다.

다르게 말하면, 친구들은 다 잘난 척만 하는 부자라서 만나고 오면 주눅이 든다. 아이들 선생님들은 하나같이 이상하고 꼼꼼하지 못해서 맡겨놓고도 걱정이었다. 외진 동네에 살아선지 집값은 오르지도 않고, 남들 사는 동네만 집값이 올라 배가 아프다. 새로 알게 된 젊은 엄마들은 자기들만 아는 단어를 쓰는데 못 알아듣겠고 부담스럽다. 공부해도 수익률은 쥐꼬리만큼이고 빨리 좀 수익이 나면 좋겠다. 책 쓰겠다고 말은 뱉었는데 잘 쓸 자신도 없고 슬쩍 그만하고 싶다.

상황은 하나도 바뀌지 않았다. 나는 전자의 상황에 있기도 하고 후자의 상황에 있기도 했다.

둘 다 내가 놓인 상황이지만 생각을 어느 방향으로 끌고 가느냐에 따라 나는 복이 많고 운이 넘치는 사람이 되기도 하고, 복도 없고 운도 없는 사람이 되기도 했다. 세상에서 제일 말 안 듣는 사람은 바로 '나' 자신이라고 한다. 말 잘 안 듣는 애한테 부정적으로 말해봤자 더 안 듣는다는 거 아시리라. 말 잘 안 듣는 나에게 계속 말해줘야 한다. 너는 행복하다고, 너는 운이 좋다고. 너는 복이 많아서 다 잘될 거라고. 너는 지금도 충분히 다 가진 사람이라고 나쁜 마음이 들 때마다 스스로 말해주자. 내가 바뀌면 세상이 바뀐다. 지옥은 장소가 아니라 시간이라고 한다. 그렇다면 천국도 장소가 아니라 시간이리라. 내가 행복한 그 순간이 천국이고 내가 불행하다고 느낀다면 그 순간이 지옥일 것이다. 나를 어떤 순간에 데려다 놓고 싶은지 진지하게 물어보자.

그렇지만 나는 정말 복이 많고 운이 좋다. 책을 읽으면서 어떻게 살아야 할지 알려주는 선생님들이 많은네 읽은 책보다 안 읽어본 책이 훨씬 더 많다는 것은 더 좋은 선생님들이 기다리고 있다는 말이다. 하고 싶은 공부가 많아서 감사하다. 가끔 꽃을 사서 꽂아두면 몇만 원으로 며칠은 행복하다. 언제든 내 편이 되어주는 사람들이 있어 감사하다. 건강하고 예쁜 아이들 덕분에 "엄마" 소리를 매일 들어서 감사하다. 이해심 많고 따뜻한 부모님들이 계셔서 감사하다. 마음이 힘들 때 언제든 달려가서 기도할 곳이 있어서 감사하다. 매일 잠들기 전이 제일 감사하다. 오늘 이렇게 좋은 하루가 가고 내일은 더 좋은 하루가 올 것을 알기에 운이 좋고 복이 많은 나는 행복하다. 이 뻔하고 유치하기도 한 감사와 긍정을 전에는 몰랐다. 얼마나 힘이 있을지, 말로 뱉으며 얼마나 강해지는지. 복이 많은 사람, 운이 좋은 사람이 바로 나였다.

아직도 운전하다 투덜거리고, 창문을 내리고 한마디 하고 싶을 때가 있다. 기분 나쁘게 대하는 점원을 만나면 쓴소리를 하고 싶다. 계산서를 은근히 나한테 미루는 사람을 보면 이번엔 네가 사라고, 하고 싶지만 그러지 않는다. '저 사람들은 나보다 운 나쁜 사람이라서, 복 없는 사람이라서 저렇구나. 나는 그러지 말아야지. 복 많고 운 좋은 내가 참아야지. 복 많고 운 좋은 내가 양보하는 게 맞지. 복 많고 운 좋은 내가 계산해야지. 그래야 내가 복주머니지' 하며 나를 달랜다. 주머니 가득 돈을 채우고 싶다면 그 전에 복부터, 운부터 채워야 한다. 주식으로 수익 나서 부자가 되고 싶다면 복부터, 운부터 채워야 한다.

시작은 간단하다. 힘이 세서 뱉으면 현실이 되고, 씨앗처럼 뿌리가 되기도 하며, 얼굴이 아무리 예뻐도 이게 안 예쁘면 다시 보고 싶지 않은 그것. '말'부터 바꾸자. 나를 예뻐하고 나에게 복을 주고 나에게 운을 줄 수 있는 사람은 장군님 모셔놓은 무당집에 있지 않다. 대한민국에 유난히 많다는 재림 예수에게 빌어봐야 주지 않는다. 자기 입으로 운도 없지, 복도 없지 저주를 퍼붓는다면, 당신에게 오던 복과 운도 제 자리가 아니라는 생각에 도망치지 않을까?

김희애, 차인표 배우가 부부로 나왔던 드라마가 있었다. 불치병에 걸린 아내가 죽어가고 있었다. 재벌가 시부모님은 가난한 며느리를 사람 취급도 하지 않다가 막상 죽는다고 하니, 갑자기 아쉬워한다. 특히 모진 말로 며느리를 잡았던 시아버지는 왜 그런 병에 걸렸냐고, 혀를 찬다. 듣고 있던 시어머니가 말했다.

"그렇게 맨날 죽어라, 죽어라 하는데 애가 상한 거지. 그러니까 저렇게 죽어가는 거지."

그때 시아버지가 공허한 눈으로, "내가 그렇게 힘이 세?"라고 대화하던 장면이 있다. 죽어라, 죽어라 말로 뱉었는데 그 말에 힘이 생겼을 것이다. 밉다, 밉다 말로 뱉는데 며느리가 예뻐 보일 리가 없었을 것이다. 살아보면 몸에 났던 상처는 쉽게 잊혀진다. 하지만 말로 받은 상처는 평생 가기도 하고 상대방과 의절까지도 간다. 그런데 스스로 지독히 운도 없고, 부모 복도 없더니, 남편 복에 자식 복도 없다고 말한다면 어떻게 될까? 여러 번 말했지만, 주식을 공부해서 수익을 내고 싶은 이유는 행복해지고 싶고 지금보다 나아지고 싶다는 마음 아닐까? 재무제표나 그래프, 경제신문은 일단 미뤄두고 말부터 바꿔라. 나에게 저주를 퍼붓던 습관을 바꿔서 복을 주고 운을 주자.

저렇게 난폭하게 운전하는데 그래도 저 차와 사고가 안 나서 감사하다. 저 직원 덕분에 커피가 좀 식어서 편하게 마실 수 있어 좋다. 내가 계산할 여유가 있어서 다행이다. 아이들이 건강한 걸 보니 자식 복은 타고났구나. 주일에 미사 다녀오면 일주일 살 힘을 주시니 감사하다. 남들은 1년에 한 권도 안 읽는다는 책을 읽고 있는 나는 정말 대단한 사람이다. 운이 좋아서 이렇게 살아있고 복이 많아서 지금 이 책을 읽고 있구나. 이 정도로 복 받았으니 로또까지 걸린다면 미안하지. 이만큼 운이 좋은데 행운권은 다른 사람에게 양보하지 뭐. 오늘도 나는 운을 받고 복을 만들며 살고 있다. 남들한테 얻을 수도, 어디 가서 받아 올 수도 없다. 매일 나한테 주고 매일 나한테 얻으며 살고 있다.

복도 운도 당신이 직접 당신에게 주자. 짜게 굴지 말고 손 크게 푹푹 좀 주며 살자.

주머니의 복을 부르는 법

1. 아침에 일어나면 거울을 보고 억지로라도 웃는다.
(나부터 나를 보며 웃어줘야 한다. 거울 속 나를 보며 사랑 고백은 못해도 웃어는 주자. 내가 웃어주지 않으면서 남이 나를 보고 웃어주길 기대하지 말고 아침에는 꼭 웃고 시작한다.)
2. "감사합니다" 하며 하루를 시작한다.
(일어나자마자 성호를 긋고 감사기도를 드린다. 건강한 가족들과 오늘 하루를 시작하게 해주셔서, 아침에 먹을 밥이 있어서 감사하다고 한다. 좋은 날씨, 걸을 수 있는 다리, 맛있는 커피 등 찾아보면 하루 종일 감사할 일은 차고 넘친다.)
3. 우울하고 나쁜 생각이 들면 신나는 노래를 들으며 걷는다.
(매일 행복한 사람은 없다. 어떤 날은 기분이 처져서 슬프고 두려운 마음이 든다. 그 기분이 오래가지 않도록 이어폰을 끼고 걸으러 간다. 평소에는 안 듣던 신나는 댄스 음악을 들으

며 걷다 보면 기분은 금방 바뀐다. 시원하게 씻고 나면 별일 아니구나 싶어진다.)

4. 내일이 없는 것처럼 오늘을 산다.

(오늘 먹는 밥, 오늘 만나는 사람이 마지막이라고 생각하면 맛없는 밥이 없다. 아무나 만나서 의미 없이 시간을 버리고 싶지 않다. 소중한 사람을 만나서 사랑스럽고 고운 것들만 나누고 싶다. 아까운 오늘이 그냥 갈까 두려워 공부하게 된다. 오늘에 전부를 담게 된다.)

5. 나는 된다! 된다! 된다!를 끊임없이 말한다.

(꿈이 있다면 된다고 스스로 말해야 한다. 주식해서 손해만 보던 나는 주식 책을 쓴 작가가 되었다. 주식 공부를 하면서도 작가가 되기 위해 책을 쓰면서 매일 그렇게 속으로 말했다. 된다, 된다, 나는 꼭 된다! 내가 스스로 그렇게 말해주니 주변 사람들도 다 그랬다. 너라면 될 거라고. 너처럼 노력하면 성공할 거라고. 그러니 지금부터 계속 외쳐라. '이게 될까?'싶은 의문은 품지 말고 된다, 된다, 된다고 말하면 진짜 된다.

Chapter 07

<주식 성인기>
엄마라서 더 잘하는 주식 투자

SELL

BUY

01
1등을 기대 말고
1등 주를 사줘라

1등하는 아이에게는 많은 선택권이 있다. 학교도, 전공도 원하는 곳으로 고를 수 있다. 남보다 편하게 학교생활을 할 수도 있고 성적에 맞춰 갈 곳을 정하는 것이 아니라 원하는 곳을 골라서 진학할 수 있다. 세상이 달려져서 학벌도 직업도 중요하지 않다고 하지만, 명문대와 전문직은 아직도 1등으로 쳐주는 세상이다. 공부 잘하는 아이로 만들고 싶은 것은 더 안정적인 미래를 안겨 주고 싶은 엄마의 마음이다. 공부 잘해서 아이가 편하게 살고 대접받고 살길 바라는 부모를 탓할 사람은 없다. 너 잘 되라고, 너 편하라고 공부 하란 말은 돌림노래처럼 세대를 아우르며 엄마들이 부르는 노래 같다.

그렇게 1등으로 좋은 학교에 가서 전문직을 가진다면 진짜 행복해 질 수 있을까?

그렇다면 대한민국에서 제일 행복한 사람들은 명문대 나온 전문직인가?

새벽부터 출근해서 밤늦도록 일을 하고 가족과의 시간도 제대로 누리지 못하는데 몇 억을 번다고 진짜 행복한 것일까?

좋은 대학 나오고 공부 잘한 사람들은 모두 돈 많이 버는 직업을 가지게 될까? 진짜 1등을 해야, 공부를 잘해야 인생이 행복해지는 걸까?

적어도 경제적으로 어렵지 않으니 불행하지 않은 삶을 살지도 모르겠다. 안정적인 직업을 가지고 있다면 불경기에도 불안하지는 않을 것이다. 그러나 많이 벌면 많이 쓰는 게 인지상정이다. 일하느라 못하는 것은 다른 사람의 손을 빌려야 하고 거기에 맞게 대가를 지불해야 한다. 내 시간과 노력을 담보로 돈을 벌고 살아야 한다. 무엇이든 장단점이 있지만 단지 돈 많이 버는 직업을 갖기 위해 1등을 바란다면 엄마부터 생각을 바꿔야 한다. 부유하게 살아가길 바란다면 공부 말고 투자부터 시작해 줘야 한다.

경제적으로 풍족한 삶은 주식 투자로도 가능하다. 어려

서부터 투자한다면 20대가 되었을 때는 공부 잘한 친구보다, 전문직 친구보다 출발선이 풍요로울 수 있다. 1등만 하던 아이가 대학에 가서 전문직을 위한 공부를 하는 동안 1등주를 산 아이는 공부를 좀 못해도 즐겁게 10대와 20대를 지내면 된다. 대학을 졸업하고 취업하게 된 1등은 이제 열심히 일을 하면서 돈을 벌어야 한다. 대학을 졸업할 때까지 1등주를 소유했다면 상상을 초월할 만큼 돈이 불어 있을 것이다. 1등을 바라며 공부 뒷바라지 하지 말고 1등주 사주며 투자 뒷바라지를 해 주자.

워렌 버핏은 11살부터 주식 투자를 시작했다. 딱 하나 후회하는 게 있다면 5살 때부터 투자하지 못한 것이라고 한다. 워렌 버핏은 의사도 변호사도 아니라 그들보다 덜 행복하다고 생각한다면 지금처럼 1등을 위해 좋은 학교를 위해서 공부시키고 닦달 하면 된다. 내 아이가 성인 되었을 때 필요한 것은 오로지 명문 대학 졸업장이라고 생각한다면 한 살이라도 늦기 전에 공부시켜야 한다. 그러나 엄마들은 알고 있다. 내 아이의 공부 머리가 어느 정도인지 말이다. 보통 정도의 학습능력으로 평균정도의 공부머리를 가진 내 아이가 그래도 열심히 공부하고 시간을 투자하면 지금보다 조금 나아질 수 있다고 믿고 싶겠지만 세상에는 공부 잘하는 애들보다 공부 못하는 애들이 더 많다. 상위 10% 안에 드는 공부 잘 하는 아이라면 열심히 공부 뒷바라지 해줘야 한다. 그렇다면 나머지 90%의 아이들에게는 다른 길을 갈 수 있도록 도와주자. 10%안에 들지 않아도 행복하게 살 수 있는 방법이 얼마든지 있다는 걸 엄마들이 먼저 알아야 한다.

공부는 엄마의 노력으로 해결해 줄 수 있는 부분이 아니다. 아무리 좋은 학원과 1타 강사를 붙여줘도 스스로 공부해야 성적이 오르고 좋은 대학에 갈 수 있다. 엄마가 대신 해주고 싶어도 해줄 수 없는 게 공부다. 투자는 엄마의 노력으로 해결해 줄 수 있다. 지금부터 공부해서 아이가 성인이 되었을 때 1등이 될 주식을 찾아 주자. 미성년자는 10년 2000만 원까지 비과세로 증여가 가능하다. 매달 학원비로 몇 십만 원을 갖다 바치지 말고 꾸준히 엄마가 주식을 사준다면 아이의 미래는 바뀔 수 있다. 아이에게 공부하라고 하지 말고 엄마가 투자 공부 하자.공부로 인생이 바뀔 수 있다고 잔소리 하지 말고 인생을 바꿔줄 투자를 해 줘라. 1등보다 1등주다. 공부 잘 하는 아이보다 못 하는 아이들이 많은 현실 속에서 우리 아이에게 필요한 것이 무엇인지 깊게 생각해 보자.

금수저 대신 주식 수저

큰아이가 학교에서 친구에게 들었단다. 친구가 입고 있는 옷이 100만 원이 넘고, 사는 집은 우리 아파트에서 제일 넓은 평형이라고 했다. 진짜 100만 원이 넘는 옷이 있냐고 묻기에, 그렇다고 했다. 우리는 왜 제일 넓은 곳에서 살지 않는지 물어서 거기보단 우리 동이 관리비도 덜 나오고 좋다고 말해줬다. 이제 겨우 10살밖에 안 된 아이에게 옷이 얼마고, 우리 집이 제일 넓다고 말해준 엄마를 찾아가 따져 묻고 싶지만 할 말이 없을 것 같다. 옷이 100만 원이라고 했지 100만 원짜리 옷이 좋은 옷이라고는 안 했고, 집이 넓다고 했지 넓은 집이 제일 좋다고 하지는 않았으니 말이다. 그런데도 몹쓸 자격지심은 100만 원짜리 옷도 못 사주는 좁은 집에 사는 엄마란 생각에 '욱' 하고 만다. 초등학생들이 벌써 옷의 가격을 논하고 집의 평수를 자랑한다니, 그 아이의 미래가 지금부터 두려워진다.

금수저, 금수저 한다. 모든 것이 갖춰진 집안에서 태어나고 자란 사람들을 금수저라고 한다. 세상 어려움 없이 살고 돈 걱정 안 하고 사는 사람들을 금수저 팔자라고 한다. 주식 공부를 하기 전의 나였다면 아이의 이야기를 듣고 그 친구 금수저구나, 하고 생각했을 것이다. 부모가 부자니 아이에게 그렇게 비싼 옷도 사주고, 넓은 집에 사니까 아이도 부자가 될 거라고 생각했을 것이다. 나는 언제 100만 원짜리 옷을 한번 사 줘 보나, 관리비 비싸도 넓은 집에 살아보고 싶다며 혼자 푸념했을 것이다. 금수저 친구를 부러워하면 어쩌나 싶어 아이 눈치를 봤을 것이다.

내가 쓸 금수저도 없는데 물려줄 금수저는 더 없다. 금이라곤 돌잔치에서 받았던 돌 반지 몇 개가 고작이다. 그렇다고 이렇게 앉아서 '엄마가 미안하다'만 하기는 싫다. 언제까지 금수저를 부러워만 할 수 없다. 주식을 물려준다면 금보다 나을 것이다. 금수저는 없으니 주식 수저를 물려주자. 1~2년이면 작아져서 못 입을 옷에 100만 원을 쓰는 대신 그 돈으로 주식을 사주면 10년~20년 뒤에는 1,000만 원이 될지도 모른다. 1억이 된다 해도 이상할 일이 아니다. 내가 공부하고 노력해서 아이에게 물려줄 무언가가 생긴다고 생각하니 아이에게 사줄 주식은 확인하고 또 확인하고, 공부하고 더 공부하게 되었다. 증여와 세금의 문제로 아이 계좌의 주식은 사고팔기보다는 장기 보유하라고 한다. 그 긴 시간 동안 복리라는 마술사는 아이들 계좌에서 마술을 부릴 것이다. 성인이 되어서 자기 계좌의 주식 잔고를 본다면 엄마에게 고마워할 것이다.

100만 원짜리 옷은 못 사줬지만, 넓은 평수의 집에서 못 살지만 그 집 아이보다 우리 아이가 미래에는 훨씬 나은 수저를 들고 있을 것이다. 옷을 살 돈으로, 집을 넓힐 돈으로 나는 주식을 사줄 것이다. 아이를 위해 사둔 주식은 당장의 옷보다, 넓은 집보다 유용하게 쓰일 것이다. 든든한 버팀목이 되어 원하는 것을 사고, 살고 싶은 집에서 살게 해줄 것이다.

"딸아, 부러워하지 마. 미래는 주식 수저가 이긴단다."

당당하게 말해 주고 싶다.

그런데 만약 그 엄마가 옷도 사주고, 넓은 집에 살면서 주식까지 사준다면 어쩌나 싶다.

그럼 그 아이는 금수저, 주식 수저 다 가지는 게 아닌가? 그러나 들리는 소문에 그집 엄마는 주식에는 전혀 관심이 없다고 한다. 다행이었다.

아이가 커서 그 친구를 다시 만나면 좋겠다. 그래서 가지고 있는 주식이 10년 동안 몇 배가 올랐다고, 지금까지 보유하고 있는 주식 종목이 몇 가지라고 말해줬으면 좋겠다. 100만 원짜리 옷도 없었고, 넓은 평수에 살지 않았지만 미래는 이렇게 달라졌다고 말했으면 좋겠다. 내가 공부하고 사서 물려준 주식 수저가 아이의 든든한 배경이 되어 줄 것이다. 물려줄 금수저가 없다고 속상해 하지 말자. 주식 수저를 시작하면, 하루라도 빨리 시작하면, 그보다 나을테니. 금수저보다 주식 수저다.

전문가를 이기는 개미

    방송에 나오는 수많은 주식 전문가는 산업을 공부해야 하고 기업을 알아야 한다고 한다. 포트폴리오를 적절하게 잘 구성해야 하고 시장을 예측해야 한다고 한다. 틀린 말이 아니지만 누구나 할 수 있는 말이다. 이런 종목군이 유망하다고 한다. 당분간 저런 종목군은 박스권에 있을 거라고 한다. 맞을 수도 있고 아닐 수도 있다. 물론 그들은 공부 많이 한 사람들이다. 다른 사람들의 돈으로 주식 투자를 해서 그 수수료로 월급을 받는 사람들인데 나보다 더 주식에 도가 텄을 것이다. 그래서 그들의 말대로만 하면 금방 수익이 날 것 같다. 그렇게 하라는 대로 해보았지만 수익이 날 때보다 손해날 때가 더 많았다.

전문가들의 말은 내 주식 투자를 수익 나게 할 수 없다. 그들은 남이다. 내 돈의 깊이를 모르고, 크기를 모르고, 성장 방향을 모른다. 모두에게 맞는 보편적인 솔루션인 것 같지만 그런 건 없다. 1년 안에 찾아서 써야 하는 돈도 있고, 10년을 안 써도 되는 돈도 있다. 매달 불입하는 게 편한 사람이 있고, 목돈으로 몇 년간 투자하는 게 편한 사람도 있다. 10%의 수익이면 만족하는 나 같은 사람도 있고, 100% 정도 수익이 나야 한다고 생각하는 사람이 있다. 주식 투자하면서 1만 원도 잃으면 안 된다고 생각하는 사람이 있고, 100만 원 정도는 수업료다 생각하고 손실에 크게 신경 쓰지 않는 사람도 있다. 아롱이다롱이들이 가진 아롱다롱한 돈이다.

나는 10%의 수익률을 1년 목표로 우량주 장기 투자하며 월불입 적금처럼 매달 사고 있다. 계좌는 미국 주식까지 총 4개를 가지고 있다.

• 1번 계좌 = 장기 투자용으로 정기 예금처럼 목돈을 몇 년씩 묻어두겠다는 마음으로 산 주식들이 있다.

• 2번 계좌 = 매달 월정액으로 적금처럼 사는 수식들이

있는 계좌이다. 월급이 들어오면 일정 금액을 이 계좌로 자동이체 해 두었다. 돈이 들어오면 배당주나 관심이 생긴 종목들을 사본다. 몇십만 원 투자해서 사봐야 얼마나 오를까 싶겠지만 꾸준히 모아보면 1년 뒤에 그 계좌에도 꽤 괜찮은 수익이 난다.

• 3번 계좌 = 미국 지수 ETF를 연금 넣듯 사고 있다. 미국 주식은 아직 잘 모르겠고, 자신이 없을 때 이거라도 해야겠다 싶어 꾸준히 넣기 시작했다.

• 4번 계좌 = 사고팔고 재미로 해보려고 만든 계좌이다. 처음에는 단타용이라고 만들었지만 공부하고 사는 주식들은 결국 매도를 못 하고 장기 투자로 가고 있다, 이 계좌는 앞으로 중단기용으로 가지고 갈 생각이다.

당신은 어떻게 투자하고 싶은가? 전문가들의 말만 믿고 있다가는 이도저도 되지 않는다. 전문가들은 당신이 아니다. 당신의 재산 정도와 돈의 용도, 투자할 수 있는 시간을 모른다. 한 엄마에게서 나온 자식들도 아롱이다롱이다. 그러니 한 가지 방법이나 보편적인 투자법으로는 아롱이와 다롱이를 만족시킬 수 없다.

주식 투자할 때 전문가들이 하는 말은 일기 예보와 같다.

비가 온다고 했지만 안 오기도 하고, 춥다고 했지만 안 춥기도 하다. 일기 예보를 참고해서 우산을 챙겨들고 옷을 껴입고 나갔다가 필요가 없었다고 해서 책임을 돌릴 수 없다. 주가가 오를 거라는 전문가의 말을 듣고 샀다가 주가가 떨어져도 책임을 돌릴 수 없다. 자연이 하는 일을 인간이 예측한다는 것이 그렇듯 어렵다고 한다. 그러나 인간이 하는 일을 인간이 예측하기는 더 어렵다고 한다. 전문가의 일은 과거를 기반으로 통계를 내고 예상할 뿐이다. 내 돈을 나처럼 아끼지도, 지켜주지도 않는다. 내 돈에 제일 전문가는 바로 나다. 그러니 개미라고, 개미는 늘 진다고 불평하지 말고 지킬 생각을 하자. 그렇게 지켜내다 보면 수익도 오고 공격법도 알게 된다. 전문가들은 절대 알 수 없는 나만의 스킬이 생긴다. 내 돈을 악착같이 지키겠다며 공부하는 개미는 전문가를 이길 수밖에 없다.

아직도 한참 가야 할 성인기

공부를 좀 했다고는 하지만 아직도 주식장이 하락이라고 하면 심장이 벌렁거리고 남편 눈치가 보인다. 내가 산 주식만 좀 안 떨어지면 좋겠는데, 공매도는 뭐고 금리 인상은 뭐길래 이렇게 주가에 영향을 주는지 속상하고 그만하고 싶었다. 읽어야 할 주식 책이 쌓여 있으면 누가 시킨 것도 아닌데 왜 이러고 있나 싶었다. 이제는 내가 사면 다 오르는 주식 찾기 스킬이 생긴 것 같다가도 계좌에서 파란색만 보이면 얼굴이 파랗게 질렸다. 책까지 썼다면 전문가이겠지만 나는 아직 아무것도 아니다. 신생아기를 거쳐 영아기를 지나면서 했던 실수를 다시 하지 않아야 하는데 절대 그럴 일은 없다고 장담도 못 하겠다. 이만큼 책을 읽었으면 이제 어느 정도의 수준이 되어야 하지만 아직 멀었다.

내가 지금 어디쯤에 있을까 생각해 보면 유아기 정도가 아닐까? 아이를 키워보면 뛰어다니는 것만 봐도 다 큰 것 같은 생각이 들 때가 있다. 뛰다가 넘어져서 울고 있는 걸 보면 아직도 아기구나 싶다. 기저귀도 안 하고 혼자 화장실만 가도 다 큰 것 같다가 잠든 모습을 보면 아기 같은 앳된 모습에 아직 멀었구나 싶다. 가방 메고 유치원 차 타고 가는 모습만 봐도 다 키운 것 같지만 열나고 아프면 엄마 품에서 떠나지 않으려 할 때 아직 덜 컸구나 싶다.

종목 공부 열심히 해서 분할 매수하고 주가가 좀 오르면 우쭐하다가, 오를 줄 알았던 종목이 사자마자 떨어지면 마음이 불안하고 지금이라도 팔아야 하나, 조마조마해진다. 신문에서 찾은 작은 기사를 단서로 종목 매수 후 주가가 몇십 프로 오르면 이제 좀 성인기 같다는 생각을 하다가도, 친구의 친구가 주식으로 몇백 프로 수익이 났다고 하면 나는 왜 그걸 안 샀나 싶어 후회가 밀려든다. 오르면 그저 좋았다가, 떨어지면 마냥 슬퍼지는 유아기 수준임을 인정하지 않을 수 없다.

주식하고 있다고 자기소개를 할 때 자주 쓰는 말이 있다.

바로 '주린이'. 한 번도 나를 그렇게 소개해 본 적이 없다. 내가 어린이 수준도 되지 않는다고 생각하기 때문이다. 그리고 어린이를 미숙하고 낮춰 부르는 말에 동참하고 싶지도 않기 때문이다. 이제 겨우 주식이 뭔지 알겠고 주식을 어떻게 해야 하는 지 조금 그림이 그려졌다. 그런데 감히 어린이라는 말을 붙이지도 못하겠다. 지금의 내 투자수준은 유치원 다니며 규칙적인 생활에 익숙해지기 시작한 우리 둘째와 비슷하다.

남들은 한 권 읽기도 힘들다는 주식 책을 100권 넘게 읽었지만 한권 읽은 사람보다 낫다고 자신 있게 말하지도 못하겠다. 나에게는 너무 어려운 차트매매는 꿈도 꿔본 적이 없었다. 매일 아침 사고팔아야 하는 단타매매는 아이들 키우면서 할 수도 없다. 내게 맞는 방법을 찾아가며 어울리는 투자법을 만들어 가고 있는 중이다. 때로는 유연하고 부드럽게 바꿀 줄도 알아야 하고, 누가 뭐라 해도 뜻을 굽히지 않기도 한다. 뉴스에서 하락을 외칠 때도 기겁을 하고 도망가지 말아야 하고, 주변에서 주식장이 대박이라고 할 때 조용히 매도할 줄도 알아야 한다.

누군가의 손해가 내 수익이 되었다는 마음으로 겸손해야 한다. 내가 잘나고 투자를 잘해서 수익난 것이 아니라 언제라도 내가 손해날 수도 있다는 마음이어야 한다. 수익이 많이 나서 여유가 생기면 좋은 곳에 나눌 줄도 알아야 한다. 생각지 못한 손해에 위축되지 말아야 한다. 한 번 실패했다고 다시는 주식을 하지 않겠다고 하지 말고 뭐가 잘못되었나 공부해보고 다음 투자를 준비해야 한다. 단시간에 부자되는 길은 없다는 걸 알아야 한다. 20년간 매주 로또를 산 사람과 20년간 매주 우량 주식을 산 사람 중 누가 더 부자가 될 가능성이 큰지 빨리 깨달아야 한다.

아이들은 돌아보면 자라 있다. 특별하게 해주는 것도 없는데 엄마 아빠의 사랑을 먹으며, 기쁨을 주면서 자란다. 언제 이렇게 컸나 싶지만 내가 해 준거라곤 없는 것 같다. 아이들은 그렇게 스스로 자란다. 주식 계좌도 그렇게 스스로 자라주면 좋으련만 그렇지 않다. 공부 안 하고 노력 안 하는 사람의 주식 투자 수준은 늘 신생아기에 머무를 수밖에 없다. 아무것도 스스로 할 수 없고, 그저 남들이 좋다는 주식에만 기웃거리며 주가가 오르고 내리는 일에 울고 웃는 신생아 투자자로 머물지 말자. 본인의 노력과 시간만 있다면 누구라도 그 신생아기를 벗어나서 영아기, 유아기까지 능력에 따라 성인기까지도 갈 수 있다. 나도 끝까지 가보지는 못했고, 가는 중이지만 자신 있게 말할 수 있다.

직접 공부해서 찾아보고 투자한 뒤 수익이 나는 그 기쁨은 우연히 얻어걸린 수익률보다는 오래, 깊게 간다. 공부하고 투자하면 수익만 따라오는 것이 아니다. 열심히 공부해서 종목을 찾아낸 나 자신이 너무 대견하고 기특하고 예뻐 죽겠다. 수익이 좀 안 나서 속상할 때도 어떤 부분이 잘못되었는지 다시 들여다 볼 마음의 여유도 생긴다. 안정적인 주식을 사서 오래 보유하고 있다면 결국은 내가 이길 수 있다는 믿음이 생긴다. 이렇게 좋으니, 내가 권하지 않을 수 없다. 진짜 좋은데 뭐라 설명할 길이 없다. 꼭 한번 시작해보면 좋겠다. 주식 공부 시작해서 수익 얻는 기쁨까지 느껴본다면, 단 한 사람이라도 그렇게 된다면 좋겠다.

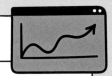

책을 마치며

처음 주식 책을 읽어야지, 했을 때는 몇 권 정도만 읽어 보려 했습니다. 그러나 몇 권으로 부족했고, 몇십 권을 읽고도 초심을 잃고 투기하듯 주식을 사는 저를 다잡기 위해서 읽고 또 읽었습니다. 100권이 넘는 주식서를 읽고 나서야 알게 되었습니다. 주식으로 어떻게 해야 돈을 잃지 않는지 이해하게 되었습니다. 혼자만 알고 있기에는 너무 좋은 주식 책들과 주식 투자법들이었습니다. 부족한 글솜씨로 이 책 한 권에 제대로 풀지 못했으면 어쩌나 걱정입니다. 제가 알게 된 것을 나눴으면 좋겠다는 마음에 대단치 못한 빙법이지만, 특별하지 않은 투자법이지만 같이 나누고 싶었습니다. 2021년에 시작했던 원고는 지금 상황에 맞지 않을까 싶어 몇 번을 퇴고했지만 큰 줄기는 변하지 않았습니다. 잃지 않는 투자를 해야 얻을 수 있습니다. 공부하고 투자해야 수익이 납니다. 아마 10년 뒤에도, 20년 뒤에도 이 공식은 변하지 않을 것 같습니다.

이 책을 쓰는 내내 알게 되었습니다. 남을 위해서 쓴다고 했지만 쓰면서 제 공부가 더 많이 되었습니다. 끊임없이 쓰고 읽으며 마음을 다지고 제 투자는 더 단단해지고 있었습니다. 부자가 되고 싶다는 생각, 주식으로 돈 많이 벌고 싶다는 생각으로 시작했던 철없던 아주머니가 이렇게 책까지 쓰게 되었습니다. 수익이 나면 제가 잘나서가 아니라 장이 좋아서라는 걸 알게 된 지금, 제가 글을 잘 쓰고 능력이 있어서 책을 낸 것이 아님을 압니다. 운이 좋았고, 복이 많았고, 너무 많은 사람들의 도움을 받았습니다.

평범하고 무난하게 살던 아주머니는 주식을 공부하며 인생을 배웠

254

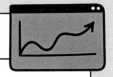

습니다. 아주머니라서 못 할 것은 없었습니다. 누구에게도 공평한 시간 앞에서 꾸준히 성실하게 공부하며 알게 되었습니다. 수익이라는 열매도 시간이 필요합니다. 공부 없이 수익을 원하는 사람들은 시간에 조급해집니다. 공부하고 수익을 기다리는 사람은 시간을 믿고 기다립니다. 제가 할 수 있는 일은 공부하고 투자해서 수익을 기다리는 것뿐입니다. 인생도 이와 같아서 할 수 있는 것들을 하며 시간을 내 편으로 만들게 되었습니다. 꾸준하고 성실하게 살며 원하는 것들을 위해 매일을 살았습니다. 그것들은 조금씩 결과를 보여주고 있습니다. 좋은 것은 나누고 넘치는 것은 베풀며 살겠습니다. 그렇게 행복을 가득 채우고 사는 주머니가 되겠습니다.

당신의 주식 투자가 성공하기를,

당신의 모든 주머니가 두둑해지기를,

당신이 자주 행복하면 좋겠습니다.

행복을 빌며⋯ 주머니

부동산/재테크/창업

장인석 지음 | 17,500원
348쪽 | 152×224mm

롱텀 부동산 투자 58가지

이 책은 현재의 내 자금 규모로, 어떤 위치의 부동산을 언제 살 것인가에 대한 탁월한 분석을 펼쳐 보여 준다. 월세 탈출, 전세 탈출, 무주택자 탈출을 꿈꾸는, 건물주가 되고 싶고, 꼬박꼬박 월세 받으며 여유로운 노후를 보내고 싶은 사람들을 위한 확실한 부동산 투자 지침서가 되기에 충분하다. 이 책은 실질금리 마이너스 시대를 사는 부동산 실수요자, 투자자 모두에게 현실적인 투자 원칙을 수립할 수 있도록 해줄 뿐 아니라 실제 구매와 투자에 있어서도 참고할 정보가 많다.

나창근 지음 | 15,000원
302쪽 | 152×224mm

나의 꿈, 꼬마빌딩 건물주 되기

'조물주 위에 건물주'라는 유행어가 있듯이 건물주는 누구나 한 번은 품어보는 달콤한 꿈이다. 자금이 없으면 건물주는 영원한 꿈일까? 저자는 현재와 미래의 부동산 흐름을 읽을 줄 아는 안목과 자기 자금력에 맞춤한 전략, 꼬마빌딩을 관리할 줄 아는 노하우만 있으면 부족한 자금을 충분히 상쇄할 수 있다고 주장한다. 또한 액수별 투자전략과 빌딩 관리 노하우 그리고 건물주가 알아야 할 부동산 지식을 알기 쉽게 설명한다.

박갑현 지음 | 14,500원
264쪽 | 152×224mm

월급쟁이들은 경매가 답이다
1,000만 원으로 시작해서 연금처럼 월급받는 투자 노하우

경매에 처음 도전하는 직장인의 눈높이에서 부동산 경매의 모든 깃을 알기 쉽게 풀어낸다. 일상생활에서 부동산에 대한 감각을 기를 수 있는 방법에서부터 경매용어와 절차를 이해하기 쉽게 설명하며 각 과정에서 꼭 알아야 할 중요사항들을 살펴본다. 경매 종목 또한 주택, 업무용 부동산, 상가로 분류하여 각 종목별 장단점, '주택임대차보호법' 등 경매와 관련되어 파악하고 있어야 할 사항들도 꼼꼼하게 짚어준다.

나창근 지음 | 17,000원
332쪽 | 152×224mm

초저금리 시대에도 꼬박꼬박 월세 나오는
수익형 부동산

현재 (주)기림이엔씨 부설 리치부동산연구소 대표이사로 재직하고 있으며 [부동산TV], [MBN], [한국경제TV], [KBS] 등 방송에서 알기 쉬운 눈높이 설명으로 호평을 받은 저자는 부동산 트렌드의 변화와 흐름을 짚어주며 수익형 부동산의 종류별 특성과 투자노하우를 소개한다. 여유자금이 부족한 투자자도 전략적으로 투자할 수 있는 혜안을 얻을 수 있을 것이다.

주식/금융투자

북오션의 주식/금융투자 부문의 도서에서 독자들은 주식투자 입문부터 실전 전문 투자, 암호화폐 등 최신의 투자 흐름까지 폭넓게 선택할 수 있습니다.

박병창 지음 | 19,000원
360쪽 | 172×235mm

주식 투자
기본도 모르고 할 뻔했다

코로나19로 경기가 위축되는데도 불구하고 저금리 기조가 계속되자 시중에 풀린 돈이 주식시장으로 몰리고 있다. 때아닌 활황을 맞은 주식시장에 너나없이 뛰어들고 있는데, 과연 이들은 기본은 알고 있는 것일까? '삼프로TV', '쏠쏠TV'의 박병창 트레이더는 '기본 원칙' 없이 시작하는 주식 투자는 결국 손실로 이어짐을 잘 알고 있기에 이 책을 써야만 했다.

유지윤 지음 | 25,000원
312쪽 | 172×235mm

하루 만에 수익 내는
데이트레이딩 3대 타법

주식 투자를 한다고 하면 다들 장기 투자나 가치 투자를 말하지만, 장기 투자와 다르게 단기 투자, 그중 데이트레이딩은 개인도 충분히 가능하다. 물론 쉽지는 않다. 꾸준한 노력과 연습이 있어야 한다. 하지만 가능하다는 것이 중요하고, 매일 수익을 낼 수 있다는 것이 중요하다. 그 방법을 이 책이 알려준다.

최기운 지음 | 18,000원
424쪽 | 172×245mm

10만원으로 시작하는 주식투자

4차산업혁명 시대를 선도하는 기업의 주식은 어떤 것들이 있을까? 이제 이 책을 통해 초보 투자자들은 기본적이고 다양한 기술적 분석을 익히고 그것을 바탕으로 향후 성장 유망한 기업에 투자할 수 있는 밝은 눈을 가진 성공한 가치투자자가 될 수 있다. 조금 더 지름길로 가고 싶다면 저자가 친절하게 가이드 해 준 몇몇 기업을 눈여겨보아도 좋다.

박병창 지음 | 18,000원
288쪽 | 172×235mm

현명한 당신의 주식투자 교과서

경력 23년 차 트레이더이자 한때 스패큐라는 아이디로 주식투자 교육 전문가로 불리기도 한 저자는 "기본만으로 성공할 수 없지만, 기본 없이는 절대 성공할 수 없다"고 하며, 우리가 모르는 '기본'을 설명한다. 아마도 이 책을 보고 나면 '내가 이것도 몰랐다니' 하는 감탄사가 입에서 나올지도 모른다. 저자가 말해주는 세 가지 기본만 알면 어떤 상황에서도 주식투자를 할 수 있다.

최기운 지음 | 18,000원
300쪽 | 172×235mm

동학 개미 주식 열공

〈순매매 교차 투자법〉은 단순하다. 주가에 가장 큰 영향을 미치는 사람의 심리가 차트에 드러난 것을 보고 매매하기 때문이다. 머뭇거리는 개인 투자자와 냉철한 외국인 투자자의 순매매 동향이 교차하는 곳을 매매 시점으로 보고 판단하면 매우 높은 확률로 이익을 실현할 수 있다.

곽호열 지음 | 19,000원
244쪽 | 188×254mm

초보자를 실전 고수로 만드는 주가차트 완전정복

이 책은 주식 전문 블로그 〈달공이의 주식투자 노하우〉의 운영자 곽호열이 예리한 분석력과 세심한 코치로 입문하는 사람은 물론 중급자들이 놓치기 쉬운 기술적 분석을 다양하게 선보인다. 상승이 예상되는 관심 종목 분석과 차트를 통한 매수·매도 타이밍 포착, 수익과 손실에 따른 리스크 관리 및 대응방법 등 주식시장에서 이기는 노하우와 차트기술에 대해 안내한다.

유지윤 지음 | 18,000원
264쪽 | 172×235mm

누구나 주식투자로
3개월에 1000만원 벌 수 있다

주식시장에서 은근슬쩍 돈을 버는 사람들이 있다. '3개월에 1000만 원' 정도를 목표로 정하고, 자신만의 투자법을 착실히 지키는 사람들이다. 3개월에 1000만 원이면 웬만한 사람들 월급이다. 대박을 노리지 않고, 딱 3개월에 1000만 원만 목표로 삼고, 그것에 맞는 투자 원칙만 지키면 가능하다. 이렇게 1000만 원을 벌고 나서 다음 단계로 점프해도 늦지 않는다.

근투생 김민후(김달호) 지음
16,000원 | 224쪽
172×235mm

삼성전자 주식을 알면
주식 투자의 길이 보인다

인기 유튜브 '근투생'의 주린이를 위한 투자 노하우. 국내 최초로 삼성전자 주식을 입체 분석한 책이다. 삼성전자 주식은 이른바 '국민주식'이 되었다. 매년 구준히 놀라운 이익을 내고 있으며, 변화가 적고 구준히 상승할 것이라는 예상이 있기에, 이 책에서는 삼성전자 주식을 모델로 초보 투자자가 알아야 할 거의 모든 것을 설명한다.

금융의정석 지음 | 16,000원
232쪽 | 152×224mm

슬기로운 금융생활

직장인이 부자가 될 방법은 월급을 가지고 효율적으로 소비하고, 알뜰히 저축해서, 가성비 높은 투자를 하는 것뿐이다. 그 기반이 되는 것이 금융 지식이다. 금융 지식을 전달함으로써 개설 8개월 만에 10만 구독자를 달성하고 지금도 아낌없이 자신의 노하우를 나누어주고 있는 크리에이터 '금융의정석'이 영상으로는 자세히 전달할 수 없었던 이야기들을 이 책에 담았다.

터틀캠프 지음 | 25,000원
332쪽 | 172×235mm

캔들차트 매매법

초보자를 위한 기계적 분석과 함께 응용까지 배울 수 있도록 자세하게 캔들 중심으로 차트의 원리를 설명한다. 피상적인 차트 분석이 아니라 기계적으로 차트를 발굴해서 실전에서 활용하는 데 초점을 맞춘 가이드북이다. 열심히 공부하고 노력하여 자신만의 매매법을 확립해, 돈을 잃는 투자자에서 수익을 내는 투자자로 거듭날 계기가 될 것이다.